ハンディシリーズ
発達障害支援・
特別支援教育ナビ
柘植雅義◎監修

渡辺慶一郎 編著

大人の発達障害の理解と支援

- 渡辺慶一郎
- 綿貫愛子
- 村山光子
- 日戸由刈
- 鈴木慶太
- 川上ちひろ
- 浮貝明典
- 今井　忠
- 尾崎ミオ
- 西牧謙吾

金子書房

「発達障害支援・特別支援教育ナビ」の刊行にあたって

　2001 年は，新たな世紀の始まりであると同時に，1 月に文部科学省の調査研究協力者会議が「21 世紀の特殊教育の在り方について ～一人一人のニーズに応じた特別支援の在り方について～」という最終報告書を取りまとめ，従来の特殊教育から新たな特別支援教育に向けた転換の始まりの年でもありました。特に画期的だったのは，学習障害（LD），注意欠如多動性障害（ADHD），高機能自閉症等，知的障害のない発達障害に関する教育の必要性が明記されたことです。20 世紀の終わり頃，欧米などの他国と比べて，これらの障害への対応は残念ながら日本は遅れ，国レベルでの対応を強く求める声が多くありました。

　しかし，その 2001 年以降，取り組みがいざ始まると，発達障害をめぐる教育実践，教育行政，学術研究，さらにはその周辺で深くかかわる福祉，医療，労働等の各実践，行政，研究は，今日まで上手い具合に進みました。スピード感もあり，時に，従来からの他の障害種から，羨望の眼差しで見られるようなこともあったと思われます。

　そして 14 年が過ぎた現在，発達障害の理解は進み，制度も整い，豊かな実践も取り組まれ，学術研究も蓄積されてきました。以前と比べれば隔世の感があります。さらに，2016 年 4 月には，障害者差別解消法が施行されます。

　そこで，このような時点に，発達障害を巡る種々の分野の成長の全容を，いくつかのテーマにまとめてシリーズとして分冊で公表していくことは非常に重要です。そして，発達障害を理解し，支援をしていく際に，重要度の高いものを選び，その分野において第一線で活躍されている方々に執筆していただきます。各テーマを全体的に概観すると共に，そのテーマをある程度深く掘り下げてみるという 2 軸での章構成を目指しました。シリーズが完成した暁には，我が国における発達障害にかかわる教育を中心とした現時点での到達点を集めた集大成ということになると考えています。

　最後になりましたが，このような画期的なアイデアを提案して下さった金子書房の先見性に深く感謝するとともに，本シリーズが，我が国における発達障害への理解と支援の一層の深まりに貢献してくれることを願っています。

2014 年 9 月

シリーズ監修　柘植雅義

Contents

第1章

発達障害のある大人への支援の現状と課題

渡辺慶一郎

1 発達障害がある大人の社会適応

　自閉スペクトラム症（Autism Spectrum Disorder: ASD）のある大人（以下，ASD者）の長期予後を調査した研究がこれまでにいくつか報告されている。「予後」をどのように定義して評価するかによって，当然結果は異なるわけだが，統合失調症や双極性障害のような精神疾患にならって，就労の状況や収入，独立した住まいであるか，友人や婚姻といった人間関係などの項目が採用されている。これらを点数化して，総合的な生活状況をVery goodからVery poorまで5段階で評価するスケールが採用されている。これまでの研究では，ASD者の予後はPoorあるいはVery poorとするものが多い（岩佐，2018）。例えば比較的新しいHowlinら（2013）の報告によれば，平均6.75歳に診断されたASD成人（平均44歳）60人の社会適応を調べたところ，PoorあるいはVery poorと評価された者は60%，一方でVery goodあるいはGoodと評価された者は17%に過ぎなかったという。Cederlundら（2008）や，Billstedtら（2005）の報告では，PoorあるいはVery Poorはそれぞれ76%，75%であり，良好な状態は両者とも0%としていることを考えると，2013年のHowlinらの報告が極端に悪い結果とも言えない。つまり，ASDと診断された者の成人期の社会適応は，就労や経済，住居の自立などは不充分とされているのである。

　ただ，ここで表現される社会適応や予後とは，定型発達者の社会生活を想定していることに留意する必要がある。就労や住居の在り方等が上記の評価系で上位にあれば，該当するASD者は幸せと言えるのかという問いである。例えば自然に親しみ，ひとりの時間が充実することを第一に望む人生なら，定型発達者の社会適応とは異なる可能性も考えられる。この点に切り込むのが，当事

者の自覚的なQOLという視点である。人生の幸福を単純な自記式質問紙に落とし込むのは原理的に無理もあるが，神尾らは，WHO QOL-26という質問紙を用いてASD者の自覚的なQOLを測定した。結果は残念なことに一般対照群と比べて低かったという（Kamio et. al., 2012）。大学生のASD者を対象にした調査でも同様の結果が得られている（渡辺ら，2018）。幸福の定義まで話が及ぶと，質問紙を統計処理した結果が何を意味するかという限界があるため，この課題を解決するには，当事者からの声にさらに注目してゆくことになるだろう。今後はさらに厳密な評価，あるいは個々の人生をどう考えるかという切り口で適応の良いASD者の研究も求められるだろう。しかし，それにしても，これまでの知見を謙虚に概観すれば，少なくとも定型発達者が考える社会適応やQOLは，ASDの性質がある成人では低いと考えざるを得ないのである。

2 制度的な支援

　厚生労働省は，発達障害者やその家族に対して，各ライフステージに対応する一貫した支援を行うために，複数の事業を展開している（厚生労働省ホームページ）。詳しくは成書に譲るが，成人に関係するものは，発達障害者支援センター運営事業の推進，同センターへの発達障害者地域支援マネジャーの配置，発達障害・重症心身障害児者の地域生活支援モデル事業，発達障害情報・支援センター，若年コミュニケーション能力要支援者就職プログラムの推進，発達障害者就労支援者育成事業の推進，発達障害者・難治性疾患患者雇用開発助成金など多岐にわたる。文部科学省でも社会で活躍する障害学生支援プラットフォーム形成事業が行われており，国を挙げて発達障害支援の体制が敷かれている。

　こうした制度的な支援により，自宅以外の様々な場所で生活し易くなった発達障害がある成人は多いだろう。制度の常で"支援の谷間"はどうしても残ってしまうが，それにしても数年前の状況に比べれば状況は良い方向に進んでいる。こうした流れが促進されることで，Howlinら（2013）同様の社会適応調査が実施されれば，Very poorやPoorの割合は少なくなることが期待される。

　発達障害の支援領域に関係する者は，こうした制度やその実際の運用に精通していることが求められる。当事者の生活の質がより良くなるために，どのよ

うに支援を組み立てるのか，おそらく制度の実務上の運用だけを切り出しても技術の蓄積が求められるだろう。発達障害の一般的な知識に加えて，該当する当事者がどのような生活を望むかといった個別的な状況を充分に把握して進めるには，相当のトレーニングと経験が必要であり，一つの課題と考えて良いだろう。

3 支援者の心構え

　上記の課題に加えて，筆者が強調したいのは，どのような心構えが関わる者に求められるのかという点である。もちろん心構えだけでは支援的な関わりは成り立たないので，知識や技術的な領域との両輪であることは言うまでもない。その上で，ここでは，石井哲夫の受容的交流療法と河合らの主張（河合，2010；河合・田中，2013）を紹介して，心構えについて考えてみたい。

（1）受容的交流療法

　石井によれば「受容的交流療法とは，ロジャースなどの来談者中心療法から出発し，アレンの関係療法（遊戯療法）とモレノの実践したサイコドラマなどにおける治療者の働きかけを含めたものである。なぜなら，治療を進めてゆく場合に，そこに携わっている治療者の存在を無視するわけにはいかないからである」という（石井，1983）。

　来談者中心療法の基本的な考え方は，日本臨床心理士会のWEBページで簡潔にまとめられている。「来談者の話をよく傾聴し，来談者自身がどのように感じ，どのように生きつつあるかに真剣に取り組んでいきさえすれば，別にカウンセラーの賢明さや知識を振り回したり，押しつけたりしなくても，来談者自らが気づき，成長していくことができる」というものであり，「人間は，成長・自律・独立等に向かう"実現傾向"を持つと考える」「カウンセラーは，自らの体験・意識・表現が一致していること，来談者に無条件の肯定的な関心を持つこと，共感的に理解することを大事にする。」という（日本臨床心理士会ホームページ）。石井が来談者中心療法に触れるのは，当事者から見た世界や社会を追体験し，その際の感情や思考を共感しながら理解することから支援を始めよという

主旨であろう。ASD者のようにコミュニケーション自体が成り立ちにくく、社会性が育ちにくい相手ならば、この最初のステップは相当困難な取り組みになる。もちろんASD者との共感的な理解は全く不可能ではないし、変化や発達の可能性を内包していることに異論はないだろうが、それを実践してゆく難しさは論を待たない。この最初のステップが石井の「受容」である。受容には様々な説明がなされているが、例えば幼児の療育については、「まず治療者側からの禁止、働きかけを抑制し、同時に、何とかして、子どもたちが不安定な状態になっているのを敏感に察知し、静める努力をしてみる。つまり、受容とは、治療者側からの治療関係を形成するためウォーミング・アップの段階を意味している」と述べられている（石井、1983）。

こうした受容的な支援者側の在り方が、支援者と対象者の「交流」を増やす基礎となるという。「受容的な人間関係のなかで交流が頻繁に起きてくることによって、子どもは情緒的に安定して、初めて自分から外側の世界へ働きかけたり、人との関係の意味がわかってくる。そして自分の手で、自分の目で見て、判断して、自分でやるという一種の自我が芽生えてくる。自分の力を働かせる喜びというものを初めて感じる」（石井、1983）。また、新村（1985）は「氏（石井哲夫：著者注）のいう交流とは感情の交流で、人間的なつながりはそこから生まれる。また、人間としての発達は、この人間としての共通体験を持たない限り促されない。氏だけは……自閉症児を再び人間として発達させるための援助を試みる起点がここにあると見通している……」と説明している。

対象者の力を引き出して、良い変化や成長を促すには、上記のような「受容」と「交流」、言い換えれば基本的な信頼関係が不可欠である。受容を深め、信頼を篤くするには、支援者側の在り方が厳しく問われることになるだろう。アレンの遊戯療法の考え方は、「子供を治そうと思うなら、まず子供自身が自己を治すのでなくてはならない」とされている。更に、援助を求めるものと、援助を受け容れるものとの治療的人間関係を強調し、「技術で治療する時代は去った」とさえ主張する。「児童の参加」が遊戯療法過程における治療的人間関係を形成し、「児童のために」という垂直的人間関係から水平的援助関係に変化したというのである（柴田、1975）。また、モレノは「サイコドラマとはドラマ的な手法によって人間存在の真実、および環境場面の現実を探求する科学である」と定

義した。モレノは自発性という概念において，「子ども」に有している自発性を人間が本来保持している固有の能力であると考えた。「私たち大人になるにつれて，いつの間にか歌うことを止め，踊ることに躊躇するようになった。」「それは本来有していたはずの自発性が略奪されてしまったかのようである。」そして，「自発性を回帰させることこそ，精神のバランスを失った人間に求められているものである」とモレノは主張した。「子どもを師とせよ」と謳ったのである（高良，2013）。アレンの遊戯療法とモレノのサイコドラマに共通するのは，自発性あるいは主体性を育むという点である。我々が自分の人生を生きる上で，社会や人間関係の中で主体的であることは大切なポイントである。そして，自発性あるいは主体性を相手に求める前提として，支援者や関わる者にそれが育まれていなければならない。

さて，他者との関係が受容的で共感的であり，その上で良い交流が増えてゆくことを，ASD者の（あるいはASDの有無に関わらず）目標とすることは適切であろうか。社会性やコミュニケーションが苦手なら，敢えてそれに触れなくても良いではないかという反論があるかもしれない。また，定型発達者と同じようになることが目標として設定されてはいないかという論点もあるだろう。この点については慎重な議論が必要である。

まず子どもが対象の場合は，知育的な教材を用いて言語機能を強化し，日常生活動作を獲得してゆくことなど，つまり道具的な能力の伸長とは分けて考えなければならない。「受容」について，1996年の兵庫県自閉症協会姫路ブロック20周年記念講演会で，石井は「（TEACCHや行動療法などとの視点の違いに言及して：著者注）基本的に人間として理解し，人間として自閉症を育てるということはどういうことかという，その検討をしなければならないと私は思うのです。」「……（“受け入れる”という態度について）ひとりの人間として，存在して生きていく，その人生をどう思うのですか。認めるのですか，認めないのですか，と言うことです。」と述べている。「人間として自閉症を育てる」とは，つまり人間関係や社会関係の中での成熟を目指すことに他ならない。このことについて，石井は我々を励ますかのように「我々のいう治療とは，もっと広く（医学の治療よりも広いという文脈：著者注），自然に放っておくと，家庭においても育たないというような障害をもつ子どもに，育てるための条件を整えるとい

うことである」「だから我々は治療を行っていくうえで，人間というものはどのような困難な状態から出発しようと，発達していくものであるという考え方をもたなければならない」と説明している（石井，1983）。人の成熟（言語や日常生活動作の獲得とは別に）には，重要な他者との出会いや交流が触媒となる。他者との関係構築が困難なASD者だからこそ，その領域を取り扱わなければならない。人に認められ，人と関わること自体に喜びを見いだすことは，過多は別として，目指すべき方向と考えて良いだろう。

（2）河合らの主張

　では，これは大人（青年期や成人期）ではどうだろうか。大人の場合は療育ではなく心理療法の枠組みで検討されることが多い。衣笠は"重ね着症候群"という概念を提示して軽度発達障害者への心理療法の可否について論じている（衣笠，2018）。重ね着症候群は，①初診18歳以上でこの時にはじめて発達障害が発見される，②知的障害は認めない，③初診時の主訴は多彩で，殆どの精神疾患を網羅している，④多彩な臨床症状の背景に高機能ASDが潜伏している，⑤高知能などのため課題達成能力が高く，就学時代は発達障害と見なされない，⑥児童期・思春期に不登校や神経症などの既往があっても発達障害を疑われていないといった特徴がある。そして，分析的精神療法の対象としては積極的に選択せず，支持的ガイダンスや薬物療法が適しており，あえて分析的精神療法の対象とする場合は，「夢を見る能力」「象徴機能」「想像機能」の条件を満たし，「正常なパーソナリティ」「病的パーソナリティ」の部分が必要とした。一部の例外はあるにしても，衣笠によれば，こうした性質がある軽度発達障害の大人には，精神療法的に深入りしない方が治療的なのかもしれない。

　ただし，重ね着症候群のような知見を承知した上で，さらに心理療法の可能性を検討する者がいる。河合ら（2010）は，中核は「空っぽ」で「自分がない」から表面上は様々な「衣」をまとわざるを得ない，たとえ妄想のような精神病症状であっても状況に応じて急速に変化する，こうした「干渉されやすさ」は相手や状況の「表面」に影響されたものであり，『実なき「張り子」の世界の住人』であると表現した。また，新生児が心理的に誕生する際に，自身の概念に対する準拠枠が必要であり，その概念の「偶有的な運び手（accidental carrier）」なる人

物に自分自身をつなぎ止めるプロセスがあるという（橋本，2018）。彼らはこれが達成されておらず，母親との二者関係確立以前とも解釈できるとして，「いかんともしがたい『産まれがたさ』」があると説明する。河合らの考察を理解して精神療法的な関わりを行おうとすれば，①「深層」というファンタジーの放棄，②「中立性」というスタンスの放棄，③「適応」という目標の放棄が重要であり，元々機能していない主体が立ち上がる瞬間に，支援者が立ち会うことを目指すことが一つの目標となる（河合，2010；河合・田中，2013）。河合らは，主体が生まれる可能性と心理療法の必要性について，「（それなりの能力があるのに，突然躓いたり，生きてゆくことに非常に困難を覚えたりする場合に）パッチワークのように対処の仕方を教えたり，訓練をしたりしても，本質的な変化はもたらされないであろう。」「だからこそ心理療法的なアプローチが必要になってくる。」「……いくらスキルを蓄積しても，中心となる主体は出来てこず，むしろマイナスになるのではなかろうか。」と述べている。さらに，主体が立ち上がるためには，「決まった時間に来て，会うこと自体が一つの定点となり，それが主体を補強し，主体が生まれてくるための場を形成する。」「……まず器が出来てくるのに時間が要する……主体は連続的なプロセスで成長し，形成されるのではない。」「主体が成立するためにはある種の飛躍や非連続性，さらには逆説が必要であって，その大きな契機は分離である。」という。強い結びつきや同質性を前提としてはじめて分離が可能になるのだから，まずクライエントとセラピストの場の共有や，同質性の確認の長い作業が求められるとする。

（3）石井と河合らの共通点

　子どもも大人も，主体性あるいは自発性が重要であり，そのために重要な他者が触媒となることは共通している。そして，重要な他者であるための心構えが重要であるという論は，石井の受容的交流療法と河合らの主張で通底するものと考えられる。両者のキーポイントである主体性あるいは自発性は，発達障害，特にASDでは非常に困難な領域である。しかし，だからこそそれに向きあう意義があり，支援者や関わる者に問われている課題でもあるのだ。様々な支援技法や活用可能な制度を提案するにしても，石井の示す「受容」や「交流」，河合らの主張する場の共有や同質性の確認は基本的な支援者の心構えとして忘

れてはならない。そして，さらなる課題は，こうした心構えをどのようにすれば会得できるのか，支援者や関わる者の精進の手法は如何なるものなのかということになろう。

【引用・参考文献】

Billstedt E, Gillberg IC, Gillberg C. (2005). Autism after adolescence: population-based 13- to 22-year follow-up study of 120 individuals with autism diagnosed in childhood. Journal of Autism and Developmental Disorders. 35(3):351-60.

Cederlund,M., Hagberg,B., Billstedt,E. Gillberg,IC. Gillberg,C.(2008).Asperger Syndrome and Autism: A Comparative Longitudinal Follow-Up Study More than 5 Years after Original Diagnosis. Journal of Autism and Developmental Disorders. 38, 72–85.

橋本尚子．(2018)．「非二」の発達論・治療論：現代の発達障害的心性を捉える試み．人間文化研究．40, 139-178.

Howlin,P., Moss,P., Savage,S., Rutter,M.(2013). Social Outcomes in Mid- to Later Adulthood Among Individuals Diagnosed With Autism and Average Nonverbal IQ as Children. Journal of the American Academy of Child and Adolescent Psychiatry. 52(6), 572–581.

石井哲夫．(1983)．受容による自閉症児教育の実際．学習研究社．

岩佐光章．(2018)．ASDの長期経過．精神療法．44 (2)，221-227.

Kamio,Y., Inada,N., Koyama,T.(2012). A nationwide survey on quality of life and associated factors of adults with high-functioning autism spectrum disorders. Autism. 17(1),15–26.

河合俊雄・田中康裕(編)．(2013)．大人の発達障害の見立てと心理療法．創元社

河合俊雄(編)．(2010)．発達障害への心理療法的アプローチ．創元社

衣笠隆幸．(2018)．重ね着症候群の精神療法．精神療法．44 (2)，237-238.

厚生労働省ホームページ「発達障害者支援施策の概要」https://www.mhlw.go.jp/stf/seisakunitsuite/bunya/hukushi_kaigo/shougaishahukushi/hattatsu/gaiyo.html

日本臨床心理士会ホームページ「臨床心理士の面接療法」http://www.jsccp.jp/near/interview5.php

新村豊．(1985)．自閉症児の交流療法とカウンセリング．北九州産業社会研究所紀要（別冊）．27, 65-99.

柴田晃．(1975)．児童精神医学社会事業における遊戯治療の実際について．社會問題研究．24 (3・4)，35-59.

高良聖．(2013)．サイコドラマの手法．岩崎学術出版社．pp13-14.

渡辺慶一郎・大島亜希子・川瀬英理・柴田恵津子・綱島三恵・岩崎沙耶佳．(2018)．高知能で発達障害がある大学生のQOL．大学のメンタルヘルス．2, 63-68.

第2章

職場における発達障害のある大人への理解と支援

村山光子

1 はじめに

　「働き方改革」や「生産性」という言葉が毎日のようにメディアに登場し，仕事や職場についてこれまでとは違った考え方や価値の転換が求められている。2018年には，障害者雇用促進法改正により法定雇用率が2.2%へと引き上げられたものの，いわゆる「障害者雇用の水増し問題」が起こり，改めて障害のある人の雇用や労働環境について検討が行われるきっかけとなった。

　また，この数年来「発達障害」と言う言葉が徐々に社会に浸透し，ある意味において「発達障害」は身近になったように感じられる。しかし，教育現場や職場では「発達障害」という言葉が一人歩きし，依然として発達障害に対する誤解や偏見によって，理解されずに苦しんでいる発達障害のある人は多い。

　本章では，こうした発達障害のある人たちの中でも職場で働く「発達障害のある大人」に焦点を当て，その困難さを理解しどのように支えるのかについて検討したい。

　職場における発達障害のある大人がその特性を思う存分ポジティブな方向に発揮できないことは，会社や職場，社会にとって大きな損失となるだけではなく，何より当事者にとって辛いことである。

　AI等のテクノロジーの発展により，新たな働き方や「働くこと」そのものの価値転換が起こりつつある。こうした社会の中で改めて発達障害のある人たちの働き方について考えてみたい。

2 職場における発達障害のある大人の状態像

（1）大学等から支援を受けている発達障害のある大人

　独立行政法人日本学生支援機構（2018）の全国の大学，短期大学及び高等専門学校（以下，大学等）を対象にした障害のある学生の調査によれば，障害のある学生は31,204人（全学生数の0.98％）が大学等に在籍し，そのうち発達障害のある学生（診断書有）は5,174人（障害のある学生数の16.6％）であり，年々増加傾向にある。このうち，約72％にあたる3,698人の発達障害のある学生が実際に大学等から何らかの支援を受けている。また，診断書はないものの配慮の必要性が認められ，実際に配慮を受けている学生は3,191人となっている。

　支援の内容は，授業における支援と授業外の支援があるが，いずれの支援についても自らの障害を理解し，どのような支援が必要かについて学内の専門家や支援者と相談し，必要な手続きを経て支援を受けることになる。このため，これらの手続きの段階で自らの不得意なことや支援が必要なことについて整理ができるものと思われる。ただし，支援を受けている学生のうち，障害者手帳を取得している学生数については調査が行われていないため，どの程度の学生が障害者手帳を保有しているかは不明である。実際の就職活動や就職した後，学生生活上では支援が不要だった事や新たな新規場面に対して支援が必要な場合，障害者手帳の取得の有無によって対応が異なるケースが多い。大学では障害者手帳を保有していなくても支援を受けることが可能だが，発達障害のある学生が就職後，職場で十分な支援を受けられているとは限らない。しかし，大学在学中に支援を受けている学生は，全く支援を受けてこなかった学生たちと比較すれば，自己理解や障害理解についてはある程度自分なりの整理を行い，支援の必要性について認識している場合が多い。

（2）これまで支援を受けてこなかった発達障害のある大人

　一方，高等学校以前や大学等で支援を全く受けてこなかった（あるいは必要性を認識してこなかった）発達障害のある人はどのような状態像であろうか。

　発達障害は外見上，障害であることがわかりにくい障害と言われており，学

校段階で学修上あまり問題とならない場合には，発達障害であることが見過ごされている場合が多い。特に大学では授業にきちんと出席し，むしろ成績が優秀な人も多く対人関係で大きなトラブルなどない場合には問題が顕在化することなく就職活動時まで平穏な学生生活を送ることも少なくない。しかし，こうした学生の多くが就職活動の段階でつまずき，進路選択を再考せざるを得ない状況や就職そのものが上手くいかないケースも散見されている（村山，2015）。中には自らの得意な分野や特技を生かして就職活動を成功させる学生もいるだろう。また，業界や会社の事情によっては人手不足のために就職を希望する学生とのマッチングよりも人手を確保することが優先され，離職を見込んで多くの内定を出す企業も存在する。この中には，いわゆる「ブラック」と呼ばれる労働環境が極めて劣悪な企業も存在している。

　いずれにしても発達障害のある人たちが就職した後，学校では見逃されてきた（見逃してきた）課題に直面していく。発達障害の特性上，人との関わり方やコミュニケーション，作業スピードや注意力・集中力等，様々な場面で困難や課題が表出してくる。

　しかし，学校段階で発達障害の診断を受けずにいた人や発達障害傾向があるものの特段の支援を受けずに来た人たちの多くは，自らの特性や障害の理解の整理が出来ておらず職場でミスをしたり，上司から叱責されたり，取引先とトラブルを起こしたりして「どうして上手くいかないんだ」，「今までは問題なくできたのに」といった不全感を抱いたり自己肯定感が低下することで二次障害といわれるうつ病やパニック障害などを引き起こすケースや依存症に陥るケースなども報告されている。

　また，近年では職場での不適応が引き金となり，うつ病などによる休職や退職を余儀なくされるケースのうち，その背景に発達障害があることも多いことが指摘されている。

3 発達障害のある大人はどんなことに困っているのか

（1）職場における困難

　2018年の障害者雇用促進法改正により雇用義務の対象に精神障害者が加わり，それに伴って障害者の法定雇用率が2018年4月よりそれまでの2.0％から2.2％（民間企業）に引き上げられることになった。統計上の障害者雇用者数は2004年から増加し続けており，発達障害のある人を含む精神障害者雇用者数も近年増加している。

　発達障害のある人の就労は，他の障害のある人と同様に障害者手帳を取得し障害者枠で就労する場合もあれば，特に障害であることを公表せずに就職している場合もある。前述のように，発達障害の特性はあっても学校段階で診断を受けずにそのまま社会へ移行している場合もあるため，本人にその自覚がない場合もあるが，発達障害の特性やその傾向により，職場において様々な困難に直面する場合がある（表2-1）。

　ADHD（Attention-Deficit/Hyperactivity Disorder：注意欠如・多動症または注意欠如・多動性障害）のある人たちは，一般的に衝動性が高く，不注意で気が散りやすい傾向にある。また，時間管理に課題のある人も多く，先の見通しを立てづらいこともしばしばある。こうした特性から，仕事中に注意が散漫になり仕事に集中できなかったり，長期的な見通しを持って取りかかる仕事がつい先延ばしになり期日に間に合わない，ケアレスミスや忘れ物が多い，片付けが苦手で机の上は常に書類であふれかえり必要なときに必要なものを取り出せないことがある。また，衝動的に思いついたことを発言したり，相手の話していることを最後まで聞くことが出来ないなどの特性が見られることもある。

　こうした特性は職場では「自分勝手な人」であったり「落ち着きがない」と捉えられたり，度重なる遅刻や仕事のミス，期日を守れないといったことで上司や同僚からの信用をなくすといったことにつながっている。

　ASD（Autism Spectrum Disorder：自閉スペクトラム症または自閉スペクトラム障害）のある人たちは，会話によるやりとりだけではなく相手の表情や身振りなどからメッセージを読み取り，相手の気持ちを慮るなどのコミュニケー

表2-1　職場で見られる発達障害の特性や困りごと

ADHD（傾向）のある人	・長期間取りかかる必要がある仕事は後回し ・時間の見込みが甘い ・遅刻が多い ・注意散漫，集中力が持続しない ・ケアレスミスが多い ・業務の優先順位がわからない ・失言が多い ・思いつきとみられるような行動
ASD（傾向）のある人	・人とのコミュニケーションの難しさ ・いわゆる「空気が読めない」 ・雑談ができない ・要点がわからない ・報連相ができない ・重要な約束，業務を忘れる ・計画的に物事が進められない ・同時並行作業が難しい ・適当な息抜きができない
SLD（傾向）のある人	・文字の読み書きが難しい ・計算することが難しい ・記号や数字，文字を認識することが難しい

　ションや，他者との感情の共有，共感することの難しさがある。また，行動や習慣に対するこだわりが強く，急な変化への対応に弱さが見られることも多い。また，興味の範囲が極めて限定的であり，それゆえ興味のあることについては突出した能力を発揮することもしばしばある。さらに，視覚，聴覚，触覚，嗅覚，味覚などの感覚に対する過敏や鈍麻なども特性としてあげられる。このため職場では，社会性に乏しくしばしば他者と衝突したり，上司や同僚と適切な距離をもった関係を築くことが難しいことがある。また，こだわりが強いために自分のやり方に固執する，何かに集中しすぎて他の業務が滞る，約束を忘れてしまうことなどもある。感覚過敏がある場合には，職場のエアコンの音や他の人の会話などの雑音が気になり業務に集中できなかったり，なかには蛍光灯のちらつきが気になるという人もいる。

　このような特性から，職場では「協調性がない」「他人の気持ちが分からない」

「仲間と交わろうとしない」「やる気がない」といった誤解が生じることがしばしばある。

SLD（Specific Learning Disorder：限局性学習症または限局性学習障害）のある人たちは，全般的な知的に遅れはないものの，聞く，話す，読む，書く，計算する又は推論する能力のうち，特定のものについて極端な困難が生じる状態にある。このため，職場においては，文字を書くことが極端に遅い，文字をうまく認識できないといったことからマニュアルや必要な資料を読むことができなかったり，非常に時間がかかるといったことや必要に応じてメモを取ることなどができないといったことがある。また，数的概念に困難のある人にとって，数字を扱う仕事などに支障が出ることもあるだろう。

なお，これらの特性からくる困りごとは，ADHDだけ，ASDだけといったことに限らず，重複する内容も多いことに注意が必要である。

（2）職場以外での困難

発達障害のある人たちが働き続けるためには，職場や会社における困難に着目し，必要なサポートを行うことは言うまでもなく重要である。一方で，見過ごされやすいのは，働き続けるために必要な職場以外の日常生活での困難についての理解が必要である。

前述した発達障害のある人たちの特性から生じる日常生活の困難性については，職場における困難に通じるものがあるが，例えば，

- 衝動買いをするなど，自分の給料に見合った金銭管理ができない
- リフレッシュするためのレパートリーが少なく，ストレスをうまくコントロールできない
- 身なりを整えるために定期的に洗濯をする，衣類をクリーニングに出す，散髪するなどができない
- 家中散らかって片付けができない
- 約束を忘れる
- 同じものばかり食べるなど，栄養のバランスを考慮した食事ができない

このような日常生活における困難を放置しておくことで，仕事に集中できなかったり，そもそも生活が破綻し就労の継続が困難になるケースもある。発達障害のある人が仕事を続けていくためには，仕事や業務を遂行するスキルだけではなく，日常生活を送るための基本的なスキルも重要な鍵となる。

4　ふたつのマッチング

(1) ジョブマッチング――働くために

　これまで見てきたように，発達障害のある人は特性上どうしても支援が必要な場面があり，職場や会社はそれらを理解し支援していく必要がある。しかし，業務の性質上どのような支援を行っても，職場に適応するには難しい場合がある。例えば，SLDのある人で数字の処理に極端な困難がある場合，経理や会計の業務に就くことは果たして適切だろうか。本人にとっても会社にとってもwin-winなことは，できるだけ当事者の得意なことに目を向け，能力を発揮できる仕事に就くことである。そのためには，これまで支援を受けてきた人のみならず，支援を受けることなくきた発達障害（傾向）のある人についても，改めて自らの特性を見極めジョブマッチングすることにより，本人がもつ能力を存分に発揮することができる。自らの適性や特性の理解がないまま「努力」や「頑張り」といった精神論で乗り越えようとすれば，職場において不要な摩擦や軋轢が生じたり，二次障害を引き起こすことがある。近年では，職場に適応できず休職を繰り返したり，退職し再就職が難しく引きこもる大人のうち，後に「発達障害」と診断されるケースが急増している。こうした人たちは，学校段階で自らの特性や障害について向き合い，自己理解を十分に深める機会を得ずに会社に就職したケースも多く，「努力」や「頑張り」だけでは対応できない事柄について，改めてどのような支援が適当か検討する必要があるだろう。

　表2-2はこれまで見てみた発達障害のある人の特性上，向いている仕事，向いていないと思われる仕事の一部であるが，必ずしも表の通りとは言えない。また，ASDとADHDを併発しているケースもあるので注意が必要であるが，筆者がこれまで出会ってきた発達障害のある人たちの傾向である。

表2-2　ASD・ADHD（傾向）の人の仕事の向き・不向き

	ASD（傾向）の人	ADHD（傾向）の人
向く仕事	・自分の興味関心を追求する仕事（研究職，特定分野のスペシャリストなど） ・ルールや決まり事が明示的な仕事 ・ルールや決まり事が厳格で変化しにくい仕事 ・定型的な業務 ・自分のペースがある程度維持できる仕事	・ユニークな発想が評価されるクリエイティブな仕事 ・迅速な判断や決断が求められる仕事 ・新奇性があり，まだ多くの人が取り組んでいない仕事 ・積極的なコミュニケーション力を生かす仕事 ・短期的でも素早くエネルギッシュに行動することが求められる仕事
向かない仕事	・変化が多く，不測の事態への対応が求められる仕事 ・高い管理能力が求められる仕事（管理職など） ・クレーマー対応や接客業，営業など高度な協調性とコミュニケーション能力が求められる仕事 ・企画立案，調整や対人折衝が多い仕事 ・マルチタスクが求められる仕事	・継続した集中力が求められる仕事 ・日々あまり変化のない定型業務 ・自由度が低く，決められた事をこなしていかなければならない仕事 ・マルチタスクが求められる仕事

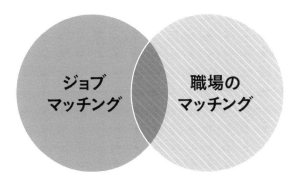

図2-1　発達障害の人に必要なふたつのマッチング

（2）職場のマッチング——働き続けるために

　発達障害のある人が働き続けるためには，ジョブマッチングと同様に職場の
マッチングが重要である。

　前述のとおり，自らの特性を踏まえた仕事選びは重要であるが，それと同時
に職場が自分に合っているのかどうかも働き続ける上で重要な要素となる。2018
年に総務省が発表した統計によれば，日本全国の企業数（2016年6月1日現在）は，
385万6457企業ある。これらの企業でまったく同じ職場は一つとしてない。社
風や業務内容が違うことはもちろん，働く人や条件もそれぞれ異なる。たとえ
業務が同じようであっても，職場によって働く環境は全く異なり，そのことに
より得られる支援や配慮の中身も様々である。このように考えると，単に自分
の特性と仕事がうまくマッチングしているだけでは不十分であり，職場と自分
の特性とをどのように折り合いをつけるかが，発達障害のある人が働き続ける
上で重要なポイントとなる（図2-1参照）。

　もちろん，全てが整ったパーフェクトな職場を見つけることは難しいだろう。
しかし，自分がどうしても譲れないものと，ある程度許容できるものとのバラ
ンスを見極める必要があり，職場とのマッチングは働き続けるために欠くこと
ができない要素である。

5　まとめ

　これまで述べてきたように，職場における発達障害のある人の特性や困難性
は様々である。これらの障害や特性への理解が支援の一歩であり，発達障害の
ある人が働きやすい環境調整にもつながる。障害の捉え方が医学モデルから社
会モデルへと変化し，発達障害のある人の特性も合理的配慮や環境調整により
障害というより，むしろ強みとなって評価されることもある。こうした価値の
転換はこれからの仕事や働き方そのものを見直すきっかけとなるだろう。

　そして，忘れてならないのは，発達障害のある人が活躍し働きやすい会社や
職場は，誰にとっても働きやすく，自らの強みを生かし活き活きと働くことを
可能とする環境であるということだ。

【引用・参考文献】

独立行政法人日本学生支援機構（2018）平成29年度（2017年度）大学，短期大学及び高等専門学校における障害のある学生の修学支援に関する実態調査．

厚生労働省職業安定局（2017）障害者雇用の現状等．https://www.mhlw.go.jp/file/05-Shingikai-11601000-Shokugyouanteikyoku-Soumuka/0000178930.pdf.

村山光子（2015）STARTプログラムによる明星大学の発達障害学生就労支援．梅永雄二（編著）．発達障害のある人の就労支援．pp36-42，金子書房．

第3章

継続して働くために必要な理解と支援・環境とは

鈴木慶太

1 はじめに

　この章では発達障害の人が長く安定して働くために就職前に何が必要か就職後にどのような定着支援が必要かを主に支援者の目線から見ていきたい。

　現代の職場は変化が早く同時並行を求められる上，ミスや抜け漏れへの許容度が低い。発達障害にかかわらずどんな人でも普通に働くことが難しくなってきているといえる。特に予定の変更が苦手だったり，優先順位の把握がしづらかったり，処理速度が遅かったりする発達障害の特性があると，現代の職場から追い出されやすい人物像に重なりやすい。21世紀の職場における“炭鉱のカナリア”が発達障害の人とも言えるであろう。

　一方で日本は今後働き手不足になることが予想されている。女性の活躍や高齢者の活躍への期待に合わせて，障害のある人でも特徴を活かして働くことが社会のためとなりえる。一人の支援者としてできることは限られるが，支援のバトンを落とさないために，また次に効果的につなぐために，何を心がけてどのように振る舞って行けば良いかを考えていきたい。

　「継続した勤務」を実現してもらうための支援としては，3つに分けて考えたい。①まずご本人に関するアセスメントをご本人の自尊心を失わないように理解・納得してもらう伝達力が支援側に求められる。②次にそのアセスメントに基づいてご本人と一緒に，能力を発揮しやすい職場を共に模索していく作業があり，③最後に変化の激しい雇用環境に適応するためメンタル面でのサポートや転職やキャリアアップといった視点での支援力も必要となってくる。

　就労関係の支援においては福祉の視点だけではなくビジネスの視点が求められよう。具体的には構造化・単純化・視覚化・粒度の調整といった概念に親し

むことである。これらは福祉よりもむしろ企業の側で使われる概念ともいえるだけではなく，優れた上司を作ることにも通じる概念である。すなわち教育や医療福祉の支援者としては「雇用先の企業に雇ってもらいたい」という姿勢だけではなく，どのようにしたら「良い上司になれるかを伝える」という姿勢・心構えで企業と向き合っていくことが重要になる。

② 発達障害の人にとって働くとは —— 仕事の持つ意味「所属感」

　発達障害の人にとって働くとは何なのかを考えたい。一般的に働くことは薬にもなり得るし，毒にもなり得る。発達障害の人も同じで働きがいを得た人は自信に満ち溢れ，日常の対人関係まで改善することがよくある。一方で自分に合っていない仕事をし続ける人に出会うと自尊心が崩れ，発達障害の特徴も悪い意味で際立ってしまっていることが多い。

　発達障害の人の困り感を聞いていると，職場でコミュニケーションが取れない，人間関係が悪くなってしまうなど，他人とのやり取りでの困難を主張する人が多い。もちろん仕事がうまくいかない時は周囲に睨まれやすく信頼を得づらいことは容易に想像でき，対人コミュニケーションの場面で苦しむのは理解できる。

　しかしながら本来日常生活での人間関係（例えば友人や恋人との関係）に比べて，職場は発達障害の人がわかりやすいコミュニケーションで溢れているとも言える。というのも企業では目的が明確であり，善悪の判断や優先順位がつけやすいだけではなく，いい意味で軍隊的な組織でもあることから，自分に与えられた役割や，いつまでに何をするなどのタスクが予想しやすいからである。

　このことから，まず働くことに腰が引けている発達障害の当事者に対しては，「学校や友人関係と比べると，職場での対人関係ははるかに簡単である」と，誇張ではあるが明確に伝えることが望ましい。まずは「自分でもできるかもしれない」と思ってもらうことが重要だからである。

　ただし，働くことで得られる最たるものは所属感であろう。多くの発達障害の人にとって感謝されたり組織の一員として活躍したりすることが難しいなか，大学のサークルや気の置けない仲間とのやり取りに比べると仕事という現場は，

働くことを通じて褒めてもらえたり賃金をもらえたりチームとの一体感を得られたりという心の面での充足が出やすいと思われる。

　つまりゴールやルールの判然としない仕事以外の人間関係は発達障害の人には難しいものの、職場という目的がある程度明示された社会組織は発達障害の特徴にフィットしやすいと言える。このような明るい未来を信じ、提示することが発達障害の人に接する支援者としてまず重要になってくる。もっと言えば継続して働きたいと思ってもらえるように、発達障害の人の力を信じることが支援の上で欠かせない要素だということである。

3 アセスメント ── 就職前の職業訓練の目的と支援者としての役割

　発達障害の人は心を病んでいるわけではなく、情報が混乱している状態と言える。その最たるものが自分自身に対する情報の歪みやこだわりである。支援者が上手に本人の得意不得意を分析するだけではなく、ご本人がその凸凹を受け止め上手に自分という楽器を響かせられるように支援していくことが本来の支援である。継続して働くためには、まず自分自身の形影を知ることが発達障害の人にとってはとても大きいということだ。

　アセスメントと言っても知能指数や心理検査を行うことばかりがアセスメントではない。むしろそれはアセスメントのごく限られた形態であり最も理想的なアセスメントは職場に近い環境で本人がどのように振る舞うかやどのように感じるかをアセスメントすることである。当社ではご本人が職場でどのような特徴を持っているのかを知ってもらうプロセスを「服を試着するように仕事を試着する」と表現している。詳しく見ていこう。

　発達障害は能力の凸凹が大きいことが特性の一つとしてある。つまり本人の能力・特徴にあう仕事とあわない仕事の差が大きく現れる。これに加え、自分を客観的に捉えることが苦手なことも特性としてあるため、自分に合った働き方や仕事を見つけることが非常に困難になる。

　例えばパソコンの入力ができる程度なのに（一方で手先が器用で職人肌の仕事に向いているのに）プログラマーになることが天職だと思い込んでいるなどである。フィットしやすい職場環境や職種が、いわゆる普通の人に比べると狭

いというハンディがある上に，その特性を把握する力も苦手という二つの困難さが重なっているわけである。

　想像性の弱さという特性をどのように克服して，限られた職種にチャレンジしてもらえるか。その工夫が「仕事を試着する」というアプローチだ。実際に仕事をいくつも体験してもらう中で，どのような仕事が向いているのかを体感してもらうというアプローチである。味見程度であっても，1，2週間，実際に体験すれば，イメージすることが難しい発達障害の人であっても，納得できる仕事や職場環境を見つけやすくなる。

　株式会社Kaienでは30を優に超える職業訓練のプログラムを持っている。1，2週間ごとに人事，経理，営業，企画，清掃，倉庫内作業など様々な仕事を擬似職場で経験する中で，一人ひとりに合った仕事の内容や上司や同僚とのコミュニケーション方法を理解してもらっている。就職前に仕事を様々に“試着”すれば，仕事についた後もミスマッチが少なく，継続して力を発揮できる可能性が高まってくる。自分の得意不得意が理解・判断しやすいということは，就職活動にも無駄がなくなる，すなわち短期間で済む可能性が高い。

　やや抽象的に言うと，アセスメントというのは，ご本人が感じている自己像と周囲から見た自己像をつまびらかにすることであり，またアセスメントの結果に納得してもらうというのは，体験を通じて両者のズレを一致させていくということにほかならない。

　また自閉症スペクトラムの傾向として自分の目線で見やすいということが挙げられる。職業訓練ではこの特性が最も出やすいため自分目線でコミュニケーションを取ってしまうというところの修正作業を行っていく。言い換えると職場でのコミュニケーションは上司やお客のためであり，自分のためのものではないということだ。この時のキーワードとなるのが報告・連絡・相談・質問の徹底と意見・感想の危険性である。

　発達障害の人は客観視の弱さや認知の歪みにより，周囲とズレが起きやすい。仕事の現場では上司への指示を正しく受け取ることができなかったり，暗黙のルールや状況の認識不足により上司が意図しない方向へ仕事を進めたりしがちである。その結果，作業能力が高くても仕事ができない人という評価を受けてしまうことがままある。上司とのズレをなくすためには報連相（報告・連絡・

相談）をこまめに行い，上司や周囲に気づいてもらい軌道修正を促してもらうことが大事になる。そのための適切なタイミング内容での報連相を職業訓練の中で身につけることが重要だ。

　ただ報連相を促すと，すべての発信が促され，意見感想が多くなる場合も考えられよう。実際，発達障害の人は相手の気持ちや状況をうまく理解できず，悪意なく職場で不用意な発言をしがちだ。こうした発言が続くと，能力が高くても不適切な発言により職場に居づらくなってしまい離職につながってしまう。このため正しい報連相を伝えるだけではなく，職場では意見・感想は求められない限り言わないというシンプルメッセージを伝えている。発信も種類によってはNGということだ。

4 職場の模索──発達障害の人と働く4つの基本姿勢

　発達障害の人が自己を理解し，働くことへ近づいたら，今度は受け入れ側である職場の理解・支援が必要になる。では，具体的に人事や上司として発達障害の人とどのように接したら良いのだろうか。この文章の冒頭で掲げた「構造化・単純化・視覚化・粒度」という4つのキーワード別に見ていく。いずれも発達障害の有無に関係なく無駄なくもれなくコミュニケーションするには必要なスキルではあるが，発達障害の方と接する時は意識する頻度は増える上，それぞれの項目を徹底的に行なっていく必要がある。

　まず「構造化」である。構造化の目的は情報を圧縮することである。短期記憶が弱い発達障害の人では構造化による情報の圧縮が効果的だ。構造化をより噛み砕くと，論理的に抜け・漏れ・ダブりがなく，結論から伝え枝葉を徐々に伝えるということとなる。話の見通しをつけながら説明することが重要で，「お伝えしたいことが3つあります。1つめは……，2つめは……，3つめは……」などと伝えることが良いであろう。

　「単純化」は簡素化とも言える。発達障害の人向けには表現を曖昧にすることは避けるべきこととわかっていても，普段のコミュニケーションの癖で難しい言葉を使ったり，表現に装飾を付けてしまったり，微に入り細に入りわかってもらおうと詳細まで伝えたりしがちである。例えば，仕事が終わってすぐに

職場を離れてほしい時に「よく頑張ったね。明日もあるかもしれないし，適当なところで仕事を上がってね」と伝えても，発達障害の人は帰っても帰られなくてもよいのかその発言の文脈を理解できない可能性があるということである。先の例は「もう8時ですね。帰る時間です。10分以内にオフィスを出ましょう」と伝えることがベターであろう。単純化を徹底すると，白黒はっきり伝える必要がある上，形容詞や副詞などが極端に少ない表現になり，一文も短くなっていく。語弊を恐れずに言うと，小さな子に伝えるようなシンプルメッセージが望ましい。また数字に置き換えることも単純化につながる。

　「視覚化」を見ていこう。発達障害の人は耳からの情報の処理が難しい人が多く，専門的にはワーキングメモリーが弱いと言われ，短期記憶が少ないことが主な原因だ。文字や図などの何度も確認できる情報と比べ，耳からの情報はすぐに無くなり記憶に蓄えておくことができないと指示の抜け漏れや理解の不十分さにつながる。一方で視覚からの情報には強いともいえ，ホワイトボードにキーワードを書きながら説明したり，複雑な内容は図解して話したりするなどの対応が周囲に必要になる。発信側としては書くことよりもしゃべることのほうが楽なため，いちいち視覚化する面倒さを感じるものの，その面倒を省くと，発達障害の人にはメッセージが伝わらずかえって時間がかかることがあるため，当初から視覚化は意識しておきたい。

　「粒度」はすべてのキーワードに関連するポイントだ。というのも，構造化にしても，単純化にしても，視覚化にしても，周囲の人間の配慮をどこまでするかわからないときの指標になるからだ。発達障害の人もすべて噛み砕かないと情報が消化できないわけではない。ご本人が得意なこと，興味のあることは，噛み砕かなくても伝わることがあるであろう。一方で他の人には全く問題なくわかるような情報も，噛み砕いて細かくして頻度を高くリマインドしながら伝えないとうまくいかないこともあるのは確かである。このため場面や内容に応じて，粒度（情報を伝える頻度，情報の細かさ＝構造化・単純化・視覚化の度合い）を変えてあげるのが重要になってくる。

　まとめると，多少言い過ぎかなと思うぐらいストレート＆具体的に伝えて問題ないことが多いであろう。比喩や遠まわしな言い方は理解できないことが多く，遠まわしに伝えると，理解できていない恐れがあるため，抽象的な表現を

避けて，具体的な伝え方をしていくことが発達障害の継続雇用には重要になる。ややキツイとこちらが心配するような直截的な言い方であっても，曖昧で分からない指示より分かりやすく有難いと感じる人がいるほどだからだ。

5 今日から使える，具体的な職場での発達障害支援ハウツー集

ここでは，具体的な接し方のヒントとしてすぐに使えるティップスを列記しておこう。読者の多くは医療や福祉関係者だと思うが，以下のアドバイスをビジネス現場で上司や人事に伝えることを念頭に置いている。

（1）こまめにフィードバックを！

一般の人は上司の表情や立ち振る舞いから，上司の評価を日々感じられるが，発達障害のある人たちの多くはそれができない。自己評価と他者評価にズレがあることが多く見られ，自分への評価が気になりすぎて仕事が手につかないこともある。上司からの評価を伝え続けることで，現実的な就職への方向性を考えることができるようになることが多い。例えばできていることを認識できない人が多いため「できている」と敢えて伝えることに気を配ってほしい。頻度はやや過剰かと思うぐらいで問題なく，手厚い・細かなフィードバックができることが必要である。

（2）褒めるときは感情的に，叱るときは事実のみを感情を入れずに端的に

褒められた経験が乏しいまま育ってきた人が多い。褒められることで自己肯定感を高め，就職へのモチベーション，あるいは職場定着の効果が上がることが多い。一方で，叱るときに感情をいれることはNGであり，感情的な叱責は「叱られた」という負のエネルギーだけが伝わり，改善行動につながらない。長々と話してもほとんど理解できない人もいるため，叱りたいときも話すこと端的にまとめ，構造的に伝えることが大事である。

（3）話を最後まで聞いてから

報告や質問，発表などは（不十分で指摘が必要な内容であったとしても）最後

まで聞くことが良い。感じていることや考えていることを言葉にするまでびっくりするほど時間がかかる人が多く，話の途中でこちらがフィードバックを始めてしまうとご本人がせっかく話そうと思ったことが話せなくなってしまう。

(4) アドバイスは改善策を具体的に

　間違った言動についても一旦受け止めて欲しい。失敗ができる環境でないとチャレンジができないためである。特に就職前の支援の段階では失敗ができる場であることを強調すると良いであろう。合わせてミスを指摘するだけではなく，改善策を伝えることが肝要だ。できていないことを認識できても，自ら改善策を考えられない人がほとんどである。「どうしてできないんだ」だけではなく，「どうしたら良くなったはず」「こういう対策を今後してもらえれば良い」という要領である。

6 変化の多い職場に対応するために①
── 二次障害のある場合の就労支援

　発達障害の人の場合，当社の就労移行支援に通う人を見ても，およそ半分の方が発達障害以外の診断，つまり二次障害がある。そして発達障害だけの人の支援に比べると，二次障害のある人の支援のほうが複雑で微妙な舵取りが求められることが多くなる。

　双極性障害の人の場合はADHDの人の衝動性とその反動とも非常に似ている。また不安障害やうつの症状なようにネガティブに捉える傾向は自閉症スペクトラムの人に多く見られる傾向でもあり，発達障害本来の特性なのか二次障害なのか見分けることは通常の支援者や職場の上司には困難であろう。

　ただし共通するアプローチとしては時間をかけて焦らせず，いつも以上にスモールステップを踏んでいくということになろう。ただしご本人の就職や仕事への意欲が強ければ強いほど焦ってすぐに行動しようとする。将棋に例えると，無謀な王手をかけ続けるような感じに思えてならない。王手も段取りを上手にしていけば当然効果的ではあるが，無駄な鉄砲を撃ち続けても数は当たらず，定着しづらいことは目に見えている。

この際に必要な"ケア"としては，まずは同じように苦しんだ人がいま就職している，活躍しているという事例を紹介したり，可能ならば実際にその先輩に会う機会を作ったりすることであろう。発達障害の人は見えるものを信じる傾向が人一倍強く，二次障害がある場合も効果は変わらない。実例を通して今のペースで大丈夫なんだという安心感を少しでも増やすことが良いであろう。

　もう一つが就職活動や業務を細かく分けて，人生ゲームのように何度もサイコロを振らないと辿り着けないという印象をしっかりと持ってもらうこと，いわゆる"スモールステップの支援"を実践することであろう。例えば当社の場合は就活を，就活知識，自己分析，志望基準，想定問答集，面接練習，実習などと細切れにしている。もちろん場合によっては一足飛びに行く人もいるが，精神的に落ち込んでいるケースの場合は細かなステップに分けて，一つ一つこなしていくことが必要だ。発達障害の人は律儀にルールに従ってくれる人が多いため，この方法も発達障害の特性にフィットしたアプローチと言えるであろう。

　もちろん前提としては居場所づくり・信頼関係づくりからスタートすること，マルチポイントで支援をして本人を柔らかく包むようなネットワークを作ること，そもそもの支援者の養成が求められていることなどは言うまでもない。

7 変化の多い職場に対応するために②
── 発達障害の人のキャリアアップ

　日本では，寿命が伸びて多くの人が70〜80歳まで働ける可能性が出てきている。また人口バランスの悪さから高齢になるまで働かないと生活費が足りない場合が考えられる。人生50〜60年を労働に捧げることが当たり前になる世の中がもう目の前まで迫っていると言える。

　他方，すべての分野で技術革新が進み，数年前の常識が今日の非常識になり得る，つまり企業組織で戦力であり続けるためには常に学び続けないといけない。例えば変化の激しいIT業界では数年前に流行ったコーディングをしているだけでは価格競争に巻き込まれてしまい，優位性が保てない。常に最新の技術と，気まぐれに変わる消費動向を見て，自らの職業能力を変化向上させる必要がある。

　自閉症スペクトラムの傾向が強い人にとって，変化の頻度の多さやブレの大きさは大きなストレスになりえる。常同性による安定感が得づらくなるからだ。ここに支援の必要性が出てくる。とはいっても主に求められるのは福祉的なアプローチではない。むしろキャリアカウンセリングのような，ご本人の意志や能力を確認し，現状の社会の動きや仕事の移り変わりを大局的に見ながら，ハローワークや就労移行支援事業所を始めとした転職や職業訓練に関するリソースを提案するという力であろう。

　このような流れは，これまで一度就職したらそこでしっかり定着することが最良と思われることの多い障害者雇用でも避けられないであろう。すでに当社では「今後も何社も転職する可能性がありますが，それはむしろポジティブに捉えていきましょう」というようなメッセージを発することが多い。自閉症スペクトラムの人も変化は苦手だが，そのショックを防ぐには「変化があることが常態」だと感じさせることが一つの方策となってくる。今後，福祉の支援者も単なる就労支援ではなく，キャリア形成を目指した支援ができるようになりたいものである。

　ただし転職をしたとしても，昇給や昇格につながりやすいリーダーシップをとったり，内外と調整をしたりという業務は発達障害の人には難しい場合が多い。このためキャリアアップではなく，転職をしたとしても似たような立場で似たような業務を行うことが多く，キャリアスライドと言えるような状態（給与も変わらない，ゆえに将来について手詰まり感が強くなっていく状態）ということが増えてこよう。

　実際，私が定着支援をしている現場でも，働いてから数年経つと徐々に将来への漠然とした不安を口にするケースが増えることを感じている。人口減や高齢化などにより現状の日本経済の未来には明るいニュースが少ないが，働くことに未来を感じづらい人は発達障害の中に増えていくであろう。年齢が高くなればなるほど，どこに就職すればよいというテクニカルな話よりも，どうして働くのかという心理面でのサポート，心構えへのサポートが必要になりそうである。

　また未来への希望を得づらい人こそ，体調面の崩れが気になる。働いていながらも生活リズムが崩れる，食事に気を使わない，運動をしない，など現実逃

避的な動きになることがある。またご本人が40歳〜50歳になると親もそのぶん歳をとり，家族でのサポートが難しくなってくる。このため，年単位での就労支援・定着支援の場合は生活面への比重が高まることを考えておくと良いであろう。

　なお，発達障害の中でもADHD的な傾向のある人の中には，むしろこの変化の波を上手に捉えている人もいる。いつまでも若々しく働いている人も多いことから「ADHDはアンチエイジングの特性」とも私は思っている。しかしながら一方で，転職を安易に過剰に思いつきでしてしまう特性もADHDといえる。当たり前のことではあるが十年単位でのキャリア形成というのは，転職をさせるだけではなく，ADHD的な人の場合は転職をさせないことがあることも理解しておくと良いだろう。

8 おわりに

　発達障害の人は本来素直で嘘をつかず人に貢献することが好きな人である。個人的には気高いところに惹かれるし，またフォロワーとしては良い気質を持った人が多くいる。確かにできないことや苦手なことが極端で，予想外のミスや失敗に周囲はイライラしがちではあるが，労働者が減少していく中で業務へのやる気のある彼らを上手に活用することが多くの組織で必要となるであろう。

　コミュニケーションは一方通行ではなく双方向。キャッチボールをうまくするには相手が取れないこと（投げられないこと）を嘆くだけではなく，こちらが上手に投げる（受け取る）技を磨くことの重要性を最後にお伝えしておきたい。

第4章

成人期の発達障害の人の生活支援

浮貝明典

1 はじめに

　相談支援や就労支援など，成人期の発達障害の人への支援は社会資源の増加からもその必要性や理解が進んでいるように思われる。一方で生活支援はどうだろうか。発達障害に特化した生活支援サービスは少なく，自分に支援が必要だと気づきにくい特性や，周りとの困り感の違いからも生活支援の必要性は認識されにくい。大学を出て一般枠または障害者雇用枠で企業就労していれば，生活支援は必要ないだろうか。家族と同居で，当たり前に，無意識に家族がサポートしている状況では潜在的なニーズとされ，将来的に家族がサポートすることが困難となった場合や，ひとり暮らしを始めた際に初めて問題が顕在化するのである。結果的に，問題が生じてから支援を求めることになるため，「親亡き後」の課題を含め，将来への準備としての生活支援が求められる。

　筆者の所属するNPO法人「PDDサポートセンター　グリーンフォーレスト」では，横浜市発達障害者支援開発モデル事業での約2年間の取り組みを経て，2012年11月から発達障害者サポートホーム事業（以下，当事業）の委託を受け，成人期の生活支援を展開している。本章では，サポートホーム事業の実践から，対象者の特性やニーズ，成人期の生活支援という重要なテーマについて述べたいと思う。

2 発達障害者サポートホーム事業とは

　当事業は，発達障害の人にとって将来の生活環境を選択するための経験の機会であり，主に在宅からひとり暮らしを目指すための準備段階として，１Kの

アパートタイプのグループホームでサポートを受けながら最長2年間暮らす場である。支援者は，ひとり暮らしをするために必要となる生活課題についての助言，相談，家事等のスキルアップ，アセスメントを行う（図4-1）。約2年間の経験により本人がひとり暮らしを希望すれば，当事業のコーディネーターによる生活アセスメントに基づいて，必要な社会資源を導入することも可能となる。当事業のコーディネーターはひとり暮らし移行後，相談支援事業所，自立生活援助（2018年4月〜）やヘルパー，訪問看護等と連携しフォローアップを継続的に行う（図4-2）。

3 対象者層と傾向

当事業の利用条件としては以下の4点である。

①発達障害の診断がある人（手帳の有無は問わない）
②共同生活援助の支給決定がある人（障害支援区分は問わない）
③原則就労している人（体験利用については問わない）
④横浜市在住の人（居住区については問わない）

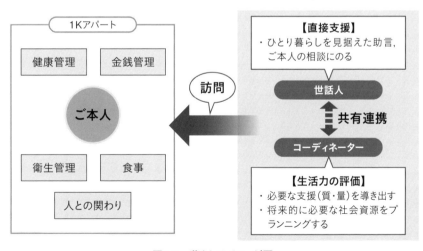

図4-1　暮らしのイメージ図

　続いて，グラフ（図4-3・次頁）を基に対象層について論じていきたい。最初に年齢についてであるが，サポートホーム事業を利用する年齢としては20代が最も多い。将来の自分に合った生活環境を若いうちから知ることができるというのは本人にとってメリットであろう。実家を出るのが早い方がいいということではなく，ひとり暮らし向きなのか，共同生活型のグループホーム向きなのか，実家で暮らし続けたいのか，20〜30代で経験することで，たとえば家族がサポートできなくなるといった「待ったなしでの選択」をせずに将来に向けた選択や準備が可能となる。もう一点特筆すべきは，50代での利用となったケースである。本人は80代の母親に連れられて当事業所を訪れた。母親としては「もう親がみることはできない」という思いで当事業の利用を希望した。当事業を利用することになった本人は淡々と過ごし，50代で初めて行う家事であっても適切に行うことができるようになった。一方で，約50年間息子と生活してきた母親にとっては息子が「生きがい」となっていたため，息子と過ごす時間が激減したことにより鬱になってしまった。また，「息子をとられた」と思うようになり，より依存関係が強くなり息子を手放すくらいなら「心中する」と言った70代の母親もいた。発達障害の子どもの生活を家族に代わって委ねられるという生活支援機関やその選択肢が今までなかったことがこういった事態を引き起こしたとも言える。過去に筆者自身がそういった家族への配慮やサポートが欠けて

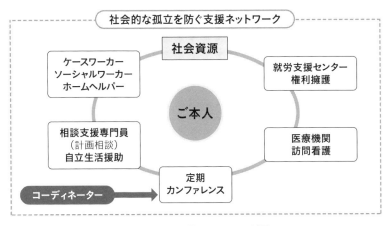

図4-2　ひとり暮らしのイメージ図

いたことは反省すべき点である。

　次に学歴だが，大学卒が全体の35%と最も多い。続いて多いのは専門学校他となっているが，養護学校卒も含んだ数字となっている。自閉症の人で養護学校卒業後，就労し安定して働き続けている層である。特筆すべきは，たとえば，高学歴だからひとり暮らしできて当然だとか，養護学校卒だからひとり暮らしは難しいという，学歴やIQがひとり暮らしの可能性や目安にはならないという点である。大事なのは生活における適応行動であり，就労の安定である。実際に就労が安定している人は100%ひとり暮らしに移行しており，ひとり暮らしが難しいとされた人の100%が就労の安定していない人という当事業における結果である（2018年10月時点）。

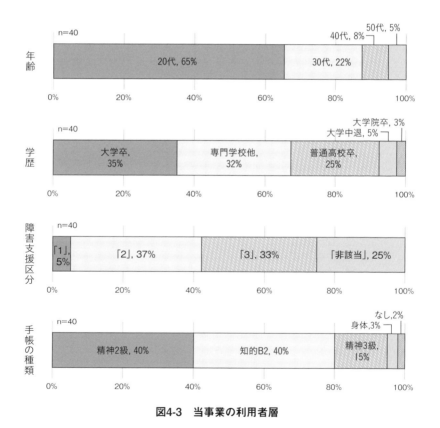

図4-3　当事業の利用者層

　障害支援区分は，認定調査員の聞き取りおよび一次判定（コンピュータ）と二次判定（市町村審査会）により2〜3か月の期間を要し決定される。「非該当」の25％は，認定調査員の聞き取りのみで支給決定されている体験利用の人も含む数字となっている。本利用は区分「2」が最も多い。

　事業利用に手帳の有無は問わないが，実際に「手帳なし」は2％に留まっている。当然全員が発達障害の診断を受けている人であるが，その中でもアスペルガータイプの人が7〜8割である。

4 インテークからみえる対象者の傾向と特性

　図4-4および図4-5（次頁）のグラフを参照してもらいたい。当事業利用前の住まいの場としては，家族と同居が当然多いのだが，中には，既にひとり暮らしをしている人が，生活の立て直しという目的で利用に至ったケースがあった。家族と同居していた時は，家族の「何気ないサポート」により問題として表面化することはなかったが，ひとり暮らしをしてから，家事全般が滞り，生活リズムが乱れ，昼夜逆転するという問題が起こり，その結果，就労先に安定的に通うことが困難になったのである。

　「現在の生活形態を続けたいか？」という質問に対し，25％の人が当事業を利用する前提で，家族との同居を続けたいということであった。矛盾しているように思うが，実家を出るという必要性は本人にとって薄く，当事業利用の理由は「家族や支援者から勧められたから」なのである。受動型や孤立型に多く見られる傾向であり，「親亡き後」など将来の生活が変化することのイメージができないということが考えられる。また，今の生活で困ってはいないのである。実家を出たい，今の生活を続けたいと思わない理由としては，家族との関係が悪いなどネガティブな理由としての必要性があってのことが多い。

　将来の生活のイメージができにくいという意味では，親亡き後，誰とどこで暮らしたいか「わからない」と答えている人が32％いるという事実である。

　また，将来どんな仕事をしたいかという質問においても「わからない」と答えている人が17〜18％である。「PC関連や事務」，「趣味を活かせる」と答えている人は自身の得意を知っているという理解もできる一方，仕事として考えた場

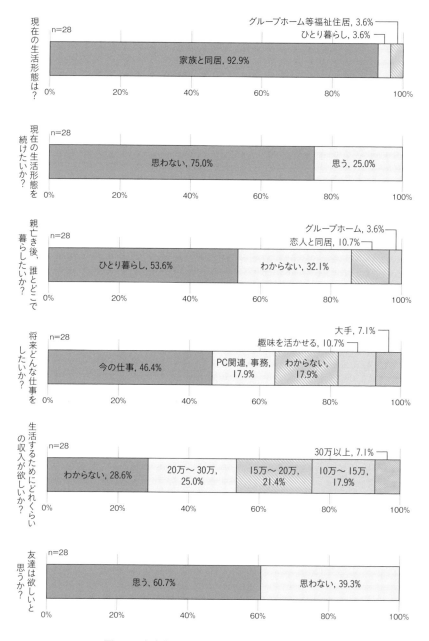

現在の生活形態は？ n=28

グループホーム等福祉住居, 3.6%
ひとり暮らし, 3.6%
家族と同居, 92.9%

現在の生活形態を続けたいか？ n=28

思わない, 75.0%　　思う, 25.0%

親亡き後、誰とどこで暮らしたいか？ n=28

グループホーム, 3.6%
恋人と同居, 10.7%
ひとり暮らし, 53.6%　　わからない, 32.1%

将来どんな仕事をしたいか？ n=28

大手, 7.1%
趣味を活かせる, 10.7%
今の仕事, 46.4%　　PC関連, 事務, 17.9%　　わからない, 17.9%

生活するためにどれくらいの収入が欲しいか？ n=28

30万以上, 7.1%
わからない, 28.6%　　20万〜30万, 25.0%　　15万〜20万, 21.4%　　10万〜15万, 17.9%

友達は欲しいと思うか？ n=28

思う, 60.7%　　思わない, 39.3%

図4-4　当事業利用者へのインテークの詳細（1）

合にその得意がゆえに業務としてはネックになる場合も少なくない。

続いて,「生活するためにどれくらいの収入が欲しいか」という質問についても,「わからない」と答えている人が多く,中にはひとり暮らしするために「1億円必要！」と答える人もいた。支援として困難となりやすいタイプが,たとえば「年収1000万円以上じゃなければ男じゃない」と,あるべき論を理路整然と語るが現実として就労していない,就労準備性も整っていない,いわゆる「地に足がついてない」タイプである。

友だちについては,欲しいという人が多いが,「友だち」という概念がズレている場合がある。「友だちが欲しい」との相談を受けることも多いが,ある20代の男性にとっての「友だち」とは,「自分が観たい映画を一緒に観に行ってくれる人」「自分の趣味の競馬に一緒に行ってくれる人」であって,「それ以外で会うつもりはないし,相手の趣味には付き合いたくない」と言うのである。これまでは母親が付き合ってくれていたが,当事業を利用するタイミングで家族から

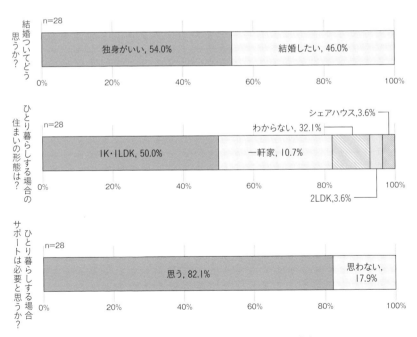

図4-5　当事業利用者へのインテークの詳細（2）

「大人なんだし，実家を出たのだからこれからは友だちと行きなさい」と言われたことで「友だち探し」が始まったのだ。映画や競馬は友だちと行かなければならないと，言われたことを字義通り疑いを持たず行動しようとした結果であるとも言えるし，彼にとって学齢期から概念の統合学習が必要だったとも言えよう。誰かと行かなければいけないということはなく，ひとりで出かけるという選択肢を提案することで「友だちが欲しい」という発言はほとんどなくなった。

　結婚を望む人は半数以下であるが，恋人がいる人が，まずはひとりで生活ができるよう経験し，数年後には結婚するという目標を持って当事業の利用を開始した人もいた。

　ひとり暮らしする場合の住まいの形態について，「わからない」と回答した人が32％であった。こちらもイメージができにくいということであろう。もう一つ特徴的な答えとして「一軒家」があるが，ここでは一軒家である実家に住み続けるという意味ではない。一軒家以外に住むというイメージができにくいことや，プラモデルやフィギュアなどのコレクションが一軒家でないと置ききれないからという理由である。

　最後に，ひとり暮らしする場合サポートは必要と思うか，と言う質問に対し，17.9％の人が「必要ない」と答えている。困り感の違いや，自分にサポートが必要と気づきにくい特性，または具体的なサポート自体のイメージができないからということもあるだろう。いずれにしても，サポートは「必要ない」と答えている人ほどサポートが必要であり，支援としても困難な傾向がみられる。

5 言葉と行動のつながりにくさ

　ここで事例を紹介したい。Aさんは大学卒であり，当事業を利用する際にはひとりで生活をするのだから，「栄養バランス」を意識した食生活を送ることを目標にしていた。入居して間もなくは，無理をせずお米を炊く程度で惣菜を買ってきて食べていたが，そのうち「栄養バランス」を意識し自炊を始めたところ，みるみる痩せて標準体重を大幅に下回るほどになってしまった。Aさんにとっての「栄養バランス」のよい主たる献立は，白米・しらす・かまぼこ3切れ・ほうれん草のおひたしであり，まるで精進料理のような食生活を続けていたこと

が原因であった。Aさんにとっては「栄養バランス」を意識した食生活であったが、実際には痩せてしまい結果的に健康を害してしまった。「栄養バランス」のよい食生活というのは見えにくく、発達障害の人にとって非常にわかりにくいものである。

そこで、「食事バランスガイド（望ましい食生活についてのメッセージを示した「食生活指針」を具体的な行動に結びつけるものとして、1日に「何を」「どれだけ」食べたらよいかの目安を分かりやすくイラストで示したもので、厚生労働省と農林水産省の共同により2005年6月に策定）」を使い、「栄養バランス」を可視化することによって、適切な食生活を送れるようになった。「栄養バランス」という言葉は知っていても、何をどれだけ食べたらいいのかという具体的な行動にはつながりにくいということがわかる。

6 おわりに

就労の安定後は、親元を離れ自律した生活がテーマになる。ひとり暮らしの安定のためには、親からの物理的・心理的自律が求められる。親に代わって第三者である支援者が、生活面で毎日関わり直接観察することで、ひとり暮らしの安定のために必要なサポートを顕在化させることが可能となる。そのためには、就労するための評価が必要であると同様、ひとり暮らしをするための生活の評価も必要となる。当事業では、発達障害の人の生活における適応行動を7領域（食事・身だしなみ・衛生管理・健康管理・金銭管理・社会性・危機管理）31項目を5段階で評価することで、生活状況を可視化している。筆者も参加しているRISTEX（社会技術研究開発センター）の研究開発プロジェクト「アプリを活用した発達障害青年成人の生活支援モデルの確立」（代表・辻井正次）も2017年から始まっている。

就労のために就労移行支援事業等を利用して、働く力を獲得するための学習の機会が必要とされている一方、ひとり暮らしのための生活する力を獲得するための学習の機会は少なく、生活支援の必要性は認知されにくい。発達障害の人は能力はあるが、学習の機会がなければ、できないままであることが多い。暗黙知の学習困難を抱えているため、経験がなく、教わっていなければできない。

物事の本質を理解する力が弱ければ，相談すべき内容がわからず，相談にもつ
ながらない。能力はある人たちなのだから，学習の機会があれば何歳からでも
生活スキルの獲得は可能であろう。大事なのは，生活を学習する機会によって
「自分を知る」ことができ，生活上の困難を困りごととして「人を頼って」解決
できるようになることである。その経験がなければ自己流で解決しようとし，そ
の結果，不適切な行動とされてしまうのである。成人期の生活支援を通じてわ
かる，将来の自律を考える上で最も重要なことは，幼少期・学齢期から，課題
をひとりで混乱なく完結させること以上に，自ら「手伝って」と言えることであ
り，「人と一緒に行なう」経験を積み重ねていくことであろう。

【引用・参考文献】

厚生労働省ホームページ「食事バランスガイド」について．https://www.mhlw.go.jp/bunya/
　　kenkou/eiyou-syokuji.html
篁 一誠（著），NPO法人東京都自閉症協会（編）．（2013）自閉症の人の自立への力を育てる：
　　幼児期から成人期へ．ぶどう社．
篁 一誠（著），NPO法人東京都自閉症協会（編）．（2009）自閉症の人の人間力を育てる．ぶ
　　どう社．
浮貝明典（2015）見落とされやすい生活支援．萩原拓（編著）発達障害のある子の自立に向け
　　た支援：小・中学生の時期に，本当に必要な支援とは？．pp134-139，金子書房．
浮貝明典（2016）生活のなかで発達障害者を「支援」する．下山晴彦・村瀬喜代子・森岡正芳
　　（編著）．必携　発達障害支援ハンドブック．pp.123-128，金剛出版．

第5章

発達障害の支援でない支援とは？
── 発達凸凹のある若者サポートの現場から

尾崎ミオ

1 ニューロマイノリティ※注としての冒険

（1）教育からの逃亡について

　学校が大嫌いだった。気マジメな先生たちがこわかった。したり顔で「常識」を語る人たちが苦手だった。「そんなことでは……」と何度も言われた。「そんなことでは，社会には通用しない」「そんなことでは，まともな大人になれない」「そんなことでは，仕事はできない」……。

　常識的な社会人を自負する先生たちにとって，私はクソ生意気で自己主張が強く，好きなことしか取り組まないワガママな子どもだったのだろう。実際の私は，「先生の指示を聞きとれない」「ベラベラしゃべるのに，他人の話の文脈をとらえられない」「板書が苦手でノートがとれない」「数字の概念が理解できず，計算ができない」「教室では気が散って授業に集中できない」「集団の中で浮いてしまう」など数えきれないほどの困難を抱えながら，何とかがんばる健気な女の子だった。なぜ自分ばかり先生に叱られるのか，なぜ人と同じようにふるまえないのか当時はわかっておらず，途方に暮れていた。にもかかわらず，「やる気がない」「努力不足」「ワガママ」「協調性がない」など，性格や精神論で片付けられ，真剣に悩みを聞いてくれる先生は少なかった。結局，小学校から不登校気

※注　自閉スペクトラム症などの発達障害の特性を，障害ではなく「人間の脳の神経伝達経路の多様性」とする「ニューロダイバーシティ（neurodiversity）」においては，多数派を「ニューロティピカル（neurotypical：NT：神経学的定型）」少数派を「ニューロマイノリティ（神経学的少数派）」と考える。

味だった私は，中学3年で登校拒否となり，高校は単位がほとんどとれないまま中退することになった。

（2）世界は広い──冒険のはじまり

けれども，多くの常識的な大人の予想ははずれ，わたしは（まともかどうかはわからないが）大人になり，20年以上も編集ライターとして仕事を続けており，しかも繁殖までなしとげ，立派なASDの息子を生み落としてしまった。縁あって東京都自閉症協会に入会し，高機能自閉症・アスペルガー部会を立ち上げて15年以上がたつ。息子の特性を知るにつれ，自分のこれまでの「生きづらさ」の原因も解明でき，「変人」「新人類」「不思議ちゃん」（死語）などと呼ばれてきた理由も理解できた。私は，筋金入りのニューロマイノリティだった！

だからこそ，あのとき，ニューロティピカルの価値観に別れを告げ，学校から逃亡して，本当によかった。マジョリティの圧力に負け，無駄な努力を続け，人生を台無しにしなくてラッキーだったと，しみじみ思う。

自分の学生時代をふりかえるにつれ，福沢諭吉に「あなたが考えていた学びの場は，今の学校なのか？」と問うてみたくなる。教育の現場は，ひと昔前よりさらに荒廃し殺伐とした状況なのだと漏れ聞く。小学校から塾に通うのはあたりまえで受験戦争が白熱化していたり，「就労100%」をめざす学校があったり，子どもたちはあらかじめ決められたゴールにむかい，大人にとっての"理想の子ども"になるために，涙ぐましい努力をし続けている。

そのベルトコンベアのレールから滑り落ちてしまいがちなのが，ニューロマイノリティの子どもたちだ。あるいは過去の私のように，「規格外」「不良品」のラベルをはられてしまうことさえあるかもしれない。けれども，私はレールからはずれたことが「チャンスなのだ」と彼らに言いたい。

おめでとう！　あなたは，自分の人生を生きるチャンスを手に入れた。世界は広い。これから，楽しい冒険に出かけよう……と。

（3）ジョン・ロックは，えらかった

福沢諭吉が生まれる前の時代，18世紀に「教育」の基盤をつくったといわれるジョン・ロックは，ロングセラーとなった『教育論』で「子どもが学習すべきこ

とは，彼らにとって重荷になったりあるいは任務として課せられるようであってはならない」と書いている。

　苦手なことを訓練させたり，大量の知識をつめこんだりするような教育は，子どもたちを勉強嫌いにさせ無力感に陥らせ，逆効果をもたらすに過ぎないと，ロックは非難する。10歳の私がロックを知っていたら，「私に漢字の反復練習をさせるのは，逆効果です！」「漢字テストの成績が悪いからと言って，夏休みの宿題を増やすのもやめてください！」と，大人たちに反論できたのに……。ロックは，「罰」や「ほうび」により子どもの行動をコントロールする方法は，悪徳のタネをまくデメリットがあり，ふさわしくないことにも触れている。

　私は自身の経験からも，常々，"社会に適応させる"という目標のために，苦手なことを訓練させたり反復学習させたりするような，発達障害の療育スタンダードに疑問をもってきた。さらに，「よい行いをほめて伸ばしましょう」という，大人＆健常者主体の"犬のしつけ的"療育が，「大人の顔色をうかがう」過剰適応的なパーソナリティを熟成することにも危機感を覚えている。なので，バッサリ「訓練的な教育は無意味」と切り捨て，教育の目的は「知識に対する愛と尊敬の念を子どもの心にはぐくむこと」と言い切るロックの思想に，あらためて感銘を受けた。

　彼が推奨する，子どもたちの「自由な精神」を大切にした教育方法は，とても愉快だ。ポイントは，ズバリ「遊ぶこと」「楽しむこと」。

　ロックは「彼らを無邪気に喜ばせるものがあったらたっぷりそれを楽しませて，できるだけ生活を愉快に快適にしていただきたい」と記している。彼は，豊かな環境の中でこそはぐくまれる「子どもの好奇心」こそ「知識への欲求＝学ぶことへのモチベーション」につながると考えていたのだ。

(4) アスペルガーも，えらかった！

　1944年に，アスペルガー症候群に関する最初の論文を発表したオーストリアの小児科医，ハンス・アスペルガーも，実はASD児の療育の基本として，ロックと同様の考えをもっていたらしい。半世紀前（！）に来日した際，「情緒的な結合を促進するために，治療者は子どもたちの独特な興味に参加し，それを発展させながら，子どもたちと共に「自閉的」になること」こそ，彼らが将来，能

力を発揮させるためのポイントであるとのべていたのだ。治療者が"健常者"の主観で課題を設定し訓練するのではなく、「子どもたちの独特な興味に参加すること」「自閉的になること」を推奨している。

　ロックやアスペルガーが示すとおり、教育の目標は決して「社会適応＝大人が考えたレールに乗せること」ではない。マジョリティのレールに乗ることは、バランスをとるのが苦手なニューロマイノリティに大きなストレスとプレッシャーをもたらす。たとえ一時的にレールに乗れたとしても、脱線のリスクがとても高い。にもかかわらず、間違った教育により「レールをはずれてはいけない」という"こだわり"を形成してしまうと、子どもたちは常に不安にさいなまれながら危ういバランスをとり続けることになる。

　誤解を恐れずに言えば、彼らには早い段階から「レールにのらなくてもいい」「道は無数にある」ことを伝えるべきだろう。高村光太郎的に言えば、「僕の前に道はない僕の後ろに道は出来る」のだ。そのために必要なのは、「道を探し続ける」モチベーションに他ならない。もちろん、「見通しが立たないことが苦手」「枠組みがある方が安心できる」タイプがいることは承知している。けれども、そんなタイプでも「失敗はリカバリーできる」「どんな場合も軌道修正が可能」ということがわかりさえすれば、その足取りは軽やかに変わっていく。不安にさいなまれながら他人の敷いたレールをおそるおそる進むより、わくわくどきどきしながら勇気をもって世界を探索できれば、人生はもっともっと愉快なものになるはずだ。

2 発達凸凹のある若者のためのピアサポート活動

(1) 世田谷区受託事業「みつけばルーム」

　2016年、世田谷区の受託事業としてスタートした「みつけばルーム」のイデオロギーは、ロックやアスペルガーに限りなく近い。みつけばルームは、「楽しいこと」「わくわくすること」「好きなこと」「夢中になれること」などを通して、世の中をゆるくサバイバルしていくのに必要なナニかを「みつける」場所だ。「学校になじめない」「毎日つまらない」「目的がみつからない」「がんばっているのに

空回りしてしまう」「ニンゲンが嫌い」「集団行動が苦手」などなど，なかなか実力が発揮できず，ふだんの生活の場に違和感を覚えている，おおむね15〜25歳の若者を対象としている。

　先駆的なのは「大人の発達障害支援」といえば，ありがちな「就労支援施設」ではないことだ。みつけばルームでは「自立」「就労」など，常識的な大人が考えそうな「支援目標」を設定していない。SST（ソーシャルスキルトレーニング）などでスキルを身につけるプログラムもやっていない。あえて，「レールを敷かない」ことをモットーとし，ただ単に「楽しいこと」をワークショップとして提供するだけの「場」なのだ。

　2017年度には厚生労働省のモデル事業にもなり，全国にその取り組みを発信することができた。

（2）ピアサポーターによるマニアックなワークショップ

　みつけばルームの重要なコンセプトのひとつが「ピアサポート」だ。10人以上いるスタッフのほとんどは，ニューロマイノリティとして自分の道を歩んできた当事者で，中には，不登校・ひきこもりの経験者もいる。

　学校生活の中では，マイノリティの当事者たちが仲間に会える機会は限られており，特に「大人になった当事者」というモデルを知らない人も少なくない。マジョリティの文化の中で「みんなと同じように，ふるまえない」「どうしても浮いてしまう」と孤独を感じていた人が，ピアサポーターと出会うことで，「感性が通じる」「共感できる」という体験をすることができる。それは身分を偽り地球で暮らしている火星人の，「自分のほかにも火星人がいたんだ！」という感動に近い（と思う）。

　実際，利用者アンケートでも平成28年度，29年度ともに100％の人が「スタッフの対応」に「よい」と答えており，みつけばルームの魅力の中心が「ピアサポート」であることは明確だ。ほとんどのマニアックな話題には対応できるため，最初はガチガチに緊張していた人が，共通の話題をみつけた途端，たちまち饒舌になるといったケースも少なくない。また，ピアサポーターたちは自分の失敗談やうまくいった方法などを，分析＆言語化できているので，「私の場合は，こうだったよ」「こういう考え方もあるよ」と，自分の体験をふまえた共感的なア

ドバイスが，とてもうまい。

　みつけばルームの目玉であるワークショップでは，ニューロマイノリティならではのひらめきをいかんなく発揮し，きわめてユニークでオリジナリティの高い企画を頻発してくれる。たとえば，とらわれやしがらみから解き放たれる時間を体験する「孤高！さすらいのみつけば虚無僧集団」，ひたすらウンチ（まきぐそ）をつくり続ける「メルダの伝説」，能面を使って自由な創作活動を行う「ほほほ！みつけば能面大帝国」，メソポタミア時代の食事を再現し食卓を囲む「メソポタミアの夕餉」，宇宙人とのコミュニケーションを仮想的に体験する「宇宙人類学入門」などなど，たぶん，ここでしか経験できない，知的好奇心をくすぐる企画が目白押しなのだ。

　みつけばルームに来る利用者たちは，興味の幅が狭かったり，夢中になれることに出会う機会にめぐまれていなかったり，友だちと協働で何かを達成する経験が少なかったり……，さまざまな理由から「学ぶこと」の羅針盤を見失っている場合も少なくない。なので，みつけばルームでは新しい学びに触れることで，知的好奇心を刺激し，その感性を呼び覚ます。時間を忘れて夢中になり，「あー，今日は楽しかった！」と思える時間を過ごしてほしいと願っている。

（3）ヘンな大人との出会いが人生を変える！

　みつけばルームでは「ヘンな大人にたくさん会える」ということも，セールスポイントの一つにかかげている。

　余談になるが，高校を中退した私は，その後，通うことになったアートスクールでとてつもなく「ヘンな大人」にたくさん出会った。「空気建築家」という肩書の名刺をもつ校長で美術家の渡辺昭二先生，知る人ぞ知るインディーズ誌『ロックマガジン』編集長の阿木譲さん，アヴァンギャルドな舞台を創りつづけていた「劇団日本維新派」の松本雄吉さん，大道芸にこだわり路上で踊り続ける舞踏家のギリヤーク尼ヶ崎さん，高い美意識でハイブランドから文楽まで手掛けるデザイナーの秋山稔さん……。みんなクセが強く，刺激的で，オリジナリティにあふれていて，今までに出会ったことがないクリエイティブな大人たちだった。そのユニークなライフスタイルに触れることで，「自分らしい人生」を過ごすために，「自分の道は，自分で切り開くものだ」ということを学んだ。

　みつけばルームに集まるみんなにも，「世の中にはいろんな人がいる」「さまざまな仕事がある」，だから，多少脱線しても「大丈夫！」ということを知ってほしい。そのため，できるだけさまざまなタイプの規格外の大人に出会ってもらえるよう，多様なプロフェッショナルを，ワークショップの講師として招いている。なぜなら何かを極めたスペシャリストは，まわりに協調するよりも自分の興味・関心に没頭することを優先する人が多く，発達凸凹の感性と親和性が高いからだ。現在では，放送作家，デザイナー，画家，イラストレーター，ビオトープ管理士，ダンサー，鍼灸師，ゲームデザイナー，編集者などなど，さまざまな職業の20名を超える「ヘンな大人たち」が，みつけばルームにかかわってくれている。

　利用者アンケートでは「普段会えないような個性があふれている人と交流できてよかった」「世の中には量産化している人が多いけど，ここでは特注の人と活動できる」「知らなかった世界を知ることができた」などという回答があった。

　一方，ヘンな大人たちの中には「みつけばルームにかかわりはじめて，自分もニューロマイノリティの仲間だと自覚した」という人が少なくない。みつけばルームで，初々しいニューロマイノリティの原石に触れ，「刺激を受けた」「自分の原点に戻れた」という感想も多く寄せられている。ここでは，「支援者」が「ハンディキャップのある人を支援する」という構図とは一線を画す，より創造的な"人間関係"が生まれている。

（4）コミュニケーション弱者の悪循環をたちきるために

　ふだんの生活の中で，多数派は無意識に，容赦なくニューロマイノリティの価値観をジャッジしてくる。鉄道や地図はもちろん，昆虫，地層，秘密結社，神社，悪魔，戦車，飛行機，クラシックカー，月のクレーター，鉱石，粘菌類などなど，特定の分野にマニアックな知識を持つ人が少なくないが，ユニークな感性は，「おかしい」「変」「気持ち悪い」などと否定され続けるリスクが高い。だから，とても悲しいことに，みつけばルームにあらわれる若者たちは，学校などふだんの生活の場で，想像以上に自分を抑制して生活している。「自分の趣味を話すと引かれる」「仲間はずれにされそう」「バカにされる」などなど……。そのうえ，過去の私と同じく，大人からは「そのままのあなたでは，社会に通用

しない」という呪いをかけられ，自分を表現することにブレーキをかけるクセが日常化している。

　私はそんなニューロティピカルからの圧力が，コミュニケーションの障害を生むのだと思う。残酷なジャッジに晒され続けていると，「否定される」という不安から，意思表示を行うことはおろか，自分の気持ちを言語化することもこわくなっていく。自分を守るために，他人との関係を避けたり，ひきこもったりする人がいるのも無理はない。そして，人間関係における圧倒的な経験不足は，よりコミュニケーションに対する苦手意識を強化する悪循環を招く。

　だからといって，コミュニケーションに対する苦手意識は，SSTなどで解決できる問題ではない。なぜなら，コミュニケーションで大切なのは，「スキル（技術）」よりも，「伝えたい」という真摯な想いだからだ。「伝える」ことへのモチベーションが挫かれていると，いくらスキルを磨いても，本質的な意味での豊かなコミュニケーションは成立しない。

　みつけばルームでは，「伝える」ことへのモチベーションは，まず自分の好きなこと・夢中になれることがあり，それを表現し他人とシェアしたり受けとめられる経験から生まれると考えている。自己表現が受けとめられてこそ，次に

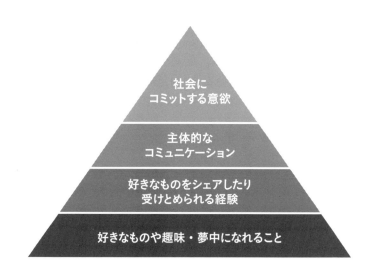

図5-1　社会性・コミュニケーションをはぐくむピラミッド

「もっと他人とかかわりたい」「伝えたい」という欲求が生まれる。すると，自然に「伝えるためにはどうしたらいいだろう」という，主体的なコミュニケーション（伝えたいという真摯な想い）がはぐくまれていく。さらに発展すると，「人の役に立ちたい」「みんなで面白いことがしたい」など，社会にコミットしていく意欲につながる（図5-1）。

　本来，遊びの中で自然に育っていたこのピラミッドが，機能していないことが，今の教育の課題だと言ったら，言葉が過ぎるのだろうか……。

3 何がニューロマイノリティを救うのか？

（1）好きなもの・趣味がエネルギー源になる

　今の日本で「大人になること」は，簡単ではない。高度経済成長の幻と共に，とにかく誰にとっても「働くこと」があたりまえで，気がついたら「大人になっていた」という時代は過ぎ去った。「自己責任」などという重たいプレッシャーが課せられる中，「大人はわかってくれない！」などと盗んだバイクを乗り回そうものなら，ネットで袋叩きにあい，未来永劫，不名誉なバッシングを受け続けるかもしれないのだ。

　「生きづらい」というキーワードが頻繁に使われ，そのうえ，「格差社会の下流老人」とか「老後には2000万の貯金が必要」とか，不安をあおり，将来に希望がもてなくなるような情報が蔓延している。残念ながら，ニューロマイノリティの多くの人が「まっとうな大人になる」ことを拒否して，ひきこもってしまうのには，理由があると，私は思う。

　けれども，気がつけば15年以上もアスペルガー部会を運営し，ASDの人たちのピアサポート活動にかかわってきた中で，確信したことがある。「趣味や好きなことを持っている人は強い」ということだ。ニューロティピカルの多くは，仲間と遊んだり，飲んだり，話しを聞いてもらったり，人間関係の中でストレスを発散することができる。けれども，ニューロマイノリティの中でもとくにASDの人の場合，人間関係に深入りしすぎると，翻弄され，かえってストレスを増やすことになりかねない。むしろ，混沌とした人間関係から離れて，自分

だけの趣味に没頭する時間こそ，心を安らかにしてくれる。休日には時刻表をたずさえ鉄道の旅に出る人，手芸が得意でカバンや財布まで作ってしまう人，空想の地図を描きつづけている人，いくつもの水槽で数10種類の熱帯魚を育てる人，幼少期から昆虫標本をつくり続けている人……などなど，せちがらい世の中に疲れたとき，いつでも逃げ込める自分だけの世界を持っている人は強い。人間関係もたしかに大事だが，それだけに執着していると，疲弊してしまう。ダメージを受けたり，トラブルに巻き込まれても，「これをやれば，エネルギーをチャージできる」「浮世を忘れることができる」という趣味や夢中になれることをもっておくことが，生きづらい世の中をサバイバルするためのお守りになる。

（2）幸福なニューロマイノリティとして

　世界は広い。そして地球は，何もニンゲンだけの星ではない。本当は，勉強ができなくても，運動が苦手でも，変人でも，お金がなくても，安定した仕事につかなくても，友だちがいなくても，結婚できなくても，幸福に生きる術はあるはずだ。そもそも，もしかしたら「ふつう」を標準とするニューロティピカルと，ニューロマイノリティでは幸福の定義がちがうのかもしれない。

　あるASDの人は「雨だれや水滴を眺めているだけで，幸福な気分になれる」と言っていた。「どんなに世の中がバカバカしくても，地球は美しい。それだけで幸福になれる」と彼は言う。

　幸福になる方法は，いくらだってある。ただ，そのためには既存の価値観を捨てる勇気とタフさが必要かもしれない。そして，「どうにかなる」という主体性。ニューロマイノリティの仲間たちの冒険を応援するために，「みつけばルーム」から「なんとかなる」「No problem」「なんくるないさー」というメッセージを発信し続けたい。

【引用・参考文献】

ジョン・ロック（1967）教育に関する考察．岩波書店．
東京都自閉症協会（2018）みつけばルーム事業報告書．世田谷区．

発達障害のある若者の青年期支援
—— 世田谷区受託事業「みつけばルーム」の実践から

綿貫愛子

1 はじめに

　世田谷区受託事業「みつけばルーム」は，発達障害やその傾向（以下，発達凸凹特性）のある若者への青年期における発達支援の場として，2016年に開所した。「生きづらさを感じている発達マイノリティ系の若者が，生きるヒントになる『ナニか』をみつける場所」を目指しており，「ナニかがはじまる，冒険が始まる」をキーワードに，日々，多彩なワークショップが提供されている。

　本事業の特徴は，自閉スペクトラム症（ASD）などの発達凸凹特性をもつ成人当事者がサポートを行う「ピアサポート」の手法を用いている点である。なお，筆者は同事業で心理職としてのコーディネーターと，当事者としてのピアサポーターを兼務している。

2 「みつけばルーム」のしくみ

（1）利用登録の流れ

　みつけばルームは，世田谷区在住の15〜25歳の発達凸凹特性のある若者が利用できる場であり，登録制になっている。利用登録までの流れは，図6-1の通りである。ここで一番大切にしていることは，保護者や支援者の考えではなく，若者本人に利用したい意思があるかどうかを確認することである。発達障害のある人の支援ニーズは，その個人がこれまでやってきたことの準備性や，今これから何を目指していくのかといった方向性によって多種多様であり，そのとき利用する支援資源は人によって異なるし，その準備性や方向性の内容や段階，そ

こに至るスピードも人それぞれである。無理のない利用ができるように，コーディネーターがそれを初回面談で確認し，本人にも1か月程度，または数回の体験利用を通して確認してもらっている。利用登録後も定期的に面談を行い，本人が興味のあることや，やってみたいこと，がんばっていることなどを聞き取り，振り返る機会を設けている。

（2）ワークショップの申し込み

　ワークショップの機会は毎月15回前後設定されているが，その参加頻度については利用者各自のペースに任せている。体験利用および利用登録の手続きまで進んだ人には，毎月のワークショップの予定をまとめた冊子「プログラムカタログ」を送付しており，利用者はこれを読み，スタッフから説明を聞き，「ちょっと興味あるかも」「できるかも」と思えたワークショップを予約する。この時点から利用者にとって「自分が何に興味関心がある／ないのか」「自分が疲れずに参加できるのはどれくらいか」といったことを思考し決定する経験がスタートする。

　ワークショップの時間は，基本的に1日1回（2時間）である。みつけばルームは1日中自分の好きに過ごせるところではなく，予約したワークショップと面談の時間にだけ来られる場所になっている。目的なく自由に過ごすことは多くの発達障害のある人にとって不安定さを招き，疲労しやすいためである。また，利用者が生きるヒントをみつけたときに社会参加の機会を妨げない工夫でもある。

　ワークショップ1回あたりの定員は，部屋の広さやスタッフ数を考慮して，最大10名，ワークショップによっては数名〜8名ほどになることもあり，活動に際して環境調整を行っている。

図6-1　みつけばルームの利用までの流れ

(3) ワークショップの内容

みつけばルームでは，毎月，マニアックで知的好奇心をくすぐるワークショップが多く企画・運営されている。これは利用者の参加動機や行動に働きかけ，活動のなかで「楽しい」という気持ちを喚起しやすい仕組みである。ワークショップの種類は提供者によって大きく2つに分かれる。1つは，「プロフェッショナルな外部講師を迎えたワークショップ」である。美術家やデザイナー，ビオトープ管理士，ダンサー，放送作家，フードコーディネーターなどさまざまな分野からその道を究めた多彩なスペシャリストを講師に迎え，ワークショップを展開している。もう1つは，「ピアサポータースタッフによるワークショップ」である（図6-2）。歴史や宇宙，自動車，鉄道，料理，工作，ゲームなど，こだわり（好きなこと・モノ）をとことん追求する企画となっている。

(4) ワークショップの目的

みつけばルームは，「生きるヒントになる『ナニか』をみつける場所」で，こ

図6-2 ピアサポータースタッフによる「アステカのチョコレートドリンク『カカワトル』を作るワークショップ」の様子

ちらがその人の「ナニか」を決めつけたり，求めたりすることはない。あくまで
みつける機会を提供しプロセスをサポートしているに過ぎない。ワークショッ
プの目的は，作品を上手に仕上げることや，スキルを身につけることではなく，
楽しいと思える時間のなかで，自分のペースで自らが感じ思ったことや好きな
ことを表現し，その表現を他者と共有し合う経験をすることである。そして，そ
ういった経験を重ねていくことが自分を発見し，理解することにつながり，新
しいことにチャレンジする自信や元気を育てていくと考えている。また，安心
して失敗できる場であることも大切にしており，偶発的な思いもよらない出来
事をトラブルではなく遊びに昇華し，遊びのなかで対処してみる経験も社会参
加に役立つ自己回復力（レジリエンス）を育てると考えている。失敗しない支援
よりも，失敗したときにどうするかの支援の方が現実的で，自己肯定感を低下
させず，有効であると考える。

3 「みつけばルーム」で「ナニ」がみつかったのか？

　みつけばルームのコンセプトやピアサポートという手法の有効性を検証する
ために，利用者を対象に質問紙調査を実施した。ここでは，その結果の一部を
掲載する。

　質問紙調査では，全体を通してピアサポーターへの満足度が高く，利用者に
とってスタッフは共感的な交流ができる，「優しく，楽しく，親しみやすい存
在」であり，みつけばルームに継続的に来所する動機の一因となっていると考
えられ，ピアサポートの効果が示唆された。

　ワークショップについては，特にアナログゲームや図画工作を行うプログラ
ムの人気が高いことが示された。例えば，アナログゲーム系のワークショップ
では，「普段大人数でゲームをする機会がないので，毎回とても楽しく遊んでい
ます」「やったことがなかったので少し心配でしたが，やってみたら楽しかった
です」といった理由が聞かれた。図画工作系のワークショップでは，「自分がや
りたいことを追求できるところがいい」「スタッフの方が丁寧に教えてくださり，
参加者の皆さんで作品を作る作業がとても楽しいです」といった理由が聞かれ
た。

表6-1　みつけばルームを利用してよかったこと

新しい経験が できたこと	・普段できない体験がいろいろできたこと。
	・いろんな物を作れたり，知れたりできてよかった。
	・新しいことを知った。
興味のあること ができたこと	・カラオケやダンスやアニメの話ができた。
	・勉強など自分のやりたいことができる。
	・リュケイオン（趣味を深める個別のワークショップ）で勉強したおかげで， 旅行に行けました。これからも勉強したいです。
他者と交流 できたこと	・みつけばルームのスタッフや利用者と一番に遊んだり，いろいろな話ができ たこと。
	・普段会えないような個性があふれている人と交流できてよかった。世の中に は量産化している人が多いけど，ここでは特注の人と活動できる。
	・友達が増えた。
	・趣味の共有ができる。
	・東方Projectなどの（学校では）マイナーなジャンルを知っている人がいた から。
	・人と触れ合えること。いろいろな人と交流できること。
日常生活の変化	・社交性が上がった。興味の幅が広がった。
	・土曜日の昼間に行くところができたのが一番ありがたかったです。
その他	・ほとんどすべて楽しいです。
	・支援をしてくれる。

　みつけばルームを利用してよかったことや，みつかったこととして，ワーク
ショップで他者との交流を通して，自分の知識や経験が増えたこと，そして自
分の新しい一面や気持ちを発見できたことについて記述がみられた（表6-1，表
6-2）。また，学校や職場，家庭など日常生活の場においても自分の思考や感情，
行動にポジティブな変化があり，いままでずっとできなかったことや新しいこ
とへのチャレンジがみられている（表6-3）。

表6-2 みつけばルームを利用してみつかったこと

知識	・いろいろな知識。
	・知らなかった世界を知ることができた。 　知らなかった世界のなかで自分が知っていることを見かけると「おっ」となる。
	・囲碁の楽しさ。
場所	・安心できるところが見つかった。
	・いじめのない場所だと思った。
人	・同じような人がいる。
	・同じ趣味の人や友だちが見つかりました。
自分	・みつけばに来て，一般の社会で健常の人が経験している「普通の過ごしやすさ」は，こんな感じなのかなと思いました。 　今までよくわからなかったけど，一般の社会めっちゃ過ごしにくかったな！と思いました。自分にとってはハードモードで生きてたことに気づけたのかなと思います。
	・ふだん他人と話すのが苦手ということ。
やりたいこと	・勉強など自分のやりたいこと。

表6-3 みつけばルーム利用後の日常生活における変化

自分の思考や感情，行動の変化	・「みつけばルームではこれ（ワークショップで表現していること）できるけど，ここ（日常生活）ではできないんだ」と思ってしまうようになった。 　前はほとんどの人間に価値がないと思っていたけれど，地球には特注や量産の人がいると思えるようになった。
	・少し明るくなった…かも。
	・意見が出しやすくなった。
主体性をもつことができるようになったこと	・日常生活のなかでどう写真や動画を撮ったらいいか，普段から考えるようになった。
	・何となく家族の予定に合わせて生活していたのですが，土曜日はサロンに行くという予定ができたのが地味に大きい変化だと思います。

4 発達障害のある若者の青年期における発達支援

親から心理的に自立し，自分の生き方や考え方を模索するアイデンティティ形成の時期である青年期には，特に心理的居場所の存在や役割が重要であるといわれている。田島ら（2015）によれば，自分の存在を実感し，精神的に安心していられ，自己表現ができ，役に立っていると自分の存在に価値を見出すことなどで心理的居場所感が満ちている人は，日常生活の場での充実感や適応が高まり，また，様々な物事へとチャレンジする気持ちが湧き，意欲的に行動できる傾向にある。

質問紙調査のなかで利用者に対し「みつけばルームは，あなたにとってどんなところですか？」と尋ねたところ，表6-4のような回答が得られた。これらの回答結果から，みつけばルームは単なる物理的な居場所ではなく，「心の拠り所となる関係性や安心感があり，ありのままの自分が受容される心理的居場所」（則定，2008）として機能していると考えられる。発達障害のある若者の青年期における発達支援では，このような心理的居場所の存在や，そこで安心して自分らしく振る舞い，認められる経験が大切であると考えられている。

5 おわりに

発達障害のある人の支援では，「自己理解」や「社会適応」というキーワードがよく聞かれる。また，昨今は社会適応や職業のためのスキルを習得することに偏重する支援アプローチが多い印象を受ける。青年期は，特に「自分とは何か」「自分らしさとは何か」「社会のなかでどのように生きていくのか」というアイデンティティの問題と直面する心理社会的発達段階であり，集団に身を置き，他者と関わるなかで悩み，自信を持ち，自分なりの価値観や納得できる自分を探していく時期である。発達障害があっても，この時期の重要性は変わらないが，帰属意識をもてる集団が身近に存在しなかったり，安心して気軽に過ごせる居場所がみつけられなかったりする社会の課題がある。これを机上で，発達障害特性を教える自己理解プログラムで代替することは無理があり，不十分だと筆者は考える。また，青年期は発達障害と診断されていることを告知される

表6-4　みつけばルームってどんなところ？

心の拠り所となる関係性	・なんか気づいたら来たくなるところ。常備薬。
	・理解できるところ。
安心感	・安心できるところ。落ち着くところ。
	・楽しかったり，心が休まる場所です。
	・リフレッシュするところ。
	・失敗するのが怖くない場所。
	・楽しいところ。
ありのままの自分が受容される場所	・家族以外と気軽にコミュニケーションがとれる場所です。
経験の補償	・人と生きる経験を積めるところ。
	・勉強など自分のやりたいことができるところ。
	・部活動的な存在な気がしています。
	・自分の興味を広げられる場所だと思います。

ことの多い時期だが，自分らしさの前提がなければ，自分を卑下したり，落ち込んだりする材料になってしまう危険すらある。

　筆者は，自分らしさを得ていく過程で，ASDなどの発達障害特性は否定される対象ではないと考えている。社会参加するためには，多少の調整は必要かもしれないが，克服してなくさなければいけないものではない。ASDらしさもまた，自分の一部であり，自分本来のことばや振る舞い，興味関心が肯定される場や経験が発達支援には大切であると思っている。スキルの習得は自信にはつながるかもしれないが，やはりそれだけでは不十分で，それを使おうというモチベーションや，やってみようという元気がまず必要となる。

　本章で紹介した，みつけばルームでは，こういった社会の課題や発達障害支援の現状を検討しながら，安心感のある環境のなかで青年期における経験を保障し，心の拠り所となる関係性を築き，ありのままの自分が受容される居場所を提供している。自分を表現し，その表現を他者と共有し合う経験が，自分を

発見し理解することにつながり，社会のなかで新しいことにチャレンジする自信や元気を育てていく。前述のアンケート結果にあるように，元気が回復し，生きるヒントになる「ナニか」をみつけつつある利用者の姿には，こちらが励まされる思いがある。

　発達障害者という特殊な支援対象ではなく，一人の人間として歓迎され，他人事ではなく，自分事として関わってもらえる居場所。そのような視点の取り組みが今後社会のなかで広まっていくことを願うとともに，その一助となれるようにこれからも尽力したいと思っている。

【引用・参考文献】

則定百合子（2008）青年期における心理的居場所感の発達的変化. カウンセリング研究. 41, 64-72.

田島祐奈・山﨑洋史・渡邉美咲（2015）青年期における心理的居場所感に関する研究：学校生活充実感と日常的意欲との関連を通して. 学苑. 900, 58-66.

第7章

「芸術まつり」による
"ゆるやかなネットワーク"づくり
——専門機関で行う余暇活動支援

日戸由刈

1 はじめに

　青年期は，家庭や学校生活で形成された態度や価値に，大きな転換が求められる時期である。定型発達の人たちであっても，進学や就職というライフステージの変化に伴って，社会生活での人間関係によるストレスへの対処や，自己理解の書き換えなど，内面発達に新たな問題が生じ得る。

　発達障害の青年の中には，こうした問題を自覚できず，漫然とストレスを抱えた状態で，周囲に促されて専門機関を訪れるケースが少なくない。彼らに対して，修学支援や就労支援など目標志向的な働きかけのみでは，内面発達の促進は不十分かもしれない。並行して，発達障害の人たちに特有の認知特性に沿った，相談関係づくりを丁寧に行う必要があろう（日戸，2014）。

　また，青年期以降の仲間関係は，同世代との対等な関係性を通じて，社会生活でのストレス軽減や自己理解の書き換えを強力に促進する心理的基盤となり得る。しかし発達障害の中でも，とくに自閉スペクトラム症（ASD）の人たちは，青年期になっても日常生活で仲間関係を得ることができず，孤独や孤立を感じている実態が，先行研究で明らかにされている（日戸・藤野，2017）。

　専門機関を訪れた青年期以降の発達障害の人たちに対し，これらの課題へ対処する足掛かりとして，筆者が以前所属していた横浜市総合リハビリテーションセンター（YRC）において，同僚とともに開発したイベント・プログラム「芸術まつり」（長嶺ら，2012）を紹介する。

2 「芸術まつり」とは

　「芸術まつり」は，絵画・書道・工作・写真などに対する興味関心を鍵に，①発達障害の本人が自身を肯定的に捉え，自己有能感を高める契機づくり，②創作活動に関心を持つ者同士のゆるやかな心理的ネットワークづくり，の2点をねらいとし，2007年に開始して以来，毎年開催されている（2019年度時点）。

　ASDの人たちの多くは，限局した関心事について突出した興味や膨大な知識，ユニークでオリジナリティの高い発想などを持っている。これらは本来，他人から「よく知っているね！」，「すごい！」などと称賛され，評価されるべきものである。ところが，彼らは自分の興味について，相手が関心を持って耳を傾けるようなやり方で他者と共有することが難しく，周囲から称賛の言葉や評価を得る体験が乏しい。ゆえに，せっかくの才能を自ら価値づけできず，自信や自己理解につなげることが難しい。

　「芸術まつり」そのものは，一見すると，絵画・書道・工作・写真などが並ぶ単なる展覧会である。しかし実は，家族やスタッフ，展覧会の観客などから自分の知識や特技，発想のユニークさについて感心・承認され，高い評価を得ることで，「この自分でOK」という肯定的なアイデンティティ，そして「自分って，すごい」という自己有能感の形成を促す効果をねらう。加えて，一定のシナリオやルールのもと，ASDの人たちが共通の興味を介して楽しさを共有し，仲間意識や連帯感を持つ効果も期待している。

　そのために，出品者に対しては，事前に心理士が個別カウンセリングを実施し，「他者からの称賛」やそれに基づく「自身への肯定的な評価」を，構造化の手法を用いてわかりやすく伝える働きかけを行っている。

　また，展覧会の観客には，気に入った作品の感想をメッセージカードに記入してもらう。出品者に対しても，他の出品者にあててメッセージを記入するように促す。会期終了後には出品者の集いの場を設け，出品者にはひとりずつ感想を述べてもらい，メッセージ集を贈呈する。

　当初，親やスタッフに勧められてしぶしぶ出品していたものの，メッセージ集を通じて自分の作品の良さを具体的に承認されると自信を持ち，翌年の出品に意欲を示す子どもや，リピーターとなって，毎年出品を続ける青年もいる。

3 「芸術まつり」の実施手順

　「芸術まつり」は，＜個別カウンセリング＞＜展覧会＞＜出品者の集い＞という3つのサブプログラムで構成される。展覧会はYRC内の公共スペースにて開催し，観覧自由としている。プログラムの実施手順は，次の通りである。

（1）出品者の募集

　出品資格はYRCを利用する小学生以上であり，展覧会開催の3か月前からポスターやチラシで出品を募る。発達障害の人たちの多くはせっかくの才能を自ら価値づけできておらず，自分から応募するケースは少ない。このため，スタッフは日常的な診療や相談の機会に本人の興味関心を把握し，絵画・書道・工作・写真などを趣味とする本人とその家族へ個別に声をかけ，出品への動機づけを促す。また，「未来の芸術家コーナー」を設けて，幼児対象の療育クラスにも参加を募っている。幼児とその家族が観覧に訪れ，年長者の芸術作品に触発されて，就学後に出品を希望するというケースも少なくない（日戸，2018）。

（2）個別カウンセリング

　展覧会開催の1か月前，出品者が作品を搬入する際に，「芸術まつり」担当の心理士が一人あたり30分間実施する。本人の興味や関心を明確化し，それに沿っ

※写真はスタッフによる再現

写真7-1

た「他者からの称賛」や「自身への肯定的な評価」が与えられる構造をつくるためである。出品者からはまず，作品の見どころを聞き，本人が何を称賛されたいのかのニーズをアセスメントする。心理士は，本人のニーズを整理して提示しながら，本人が作品の見どころを紹介する「解説文」を作成するのをサポートする。これらの具体的なやりとりを通じて，本人が心理士からの肯定的な評価を受け，作品への自己評価を高め，「芸術まつり」に関心と意欲を持ち，個別カウンセリングに続くサブプログラムに向けた動機づけを高めることができるよう促す。

(3) 展覧会

展覧会で展示する作品には，すべて解説文が添えられている。また，会場に小さな「メッセージカード」を用意し，観客に，印象に残った作品の出品者に向けてメッセージを書いてもらう。また，会場にレイアウトされた複数の作品を見比べることの難しい人や，注意集中が困難な人でも落ち着いてメッセージが書けるように，パーテーションで仕切られ，全作品が写真で一覧できる「特別コーナー」を設ける工夫も行っている。

(4) 出品者の集い

展覧会の1か月後，出品者が一堂に会する場を設ける。出品者にはひとりず

※写真はスタッフによる再現

写真7-2

つ，スタッフから「メッセージ集」が贈られ，自身への肯定的な評価が視覚的に示される。また，全作品のスライドショーを鑑賞し，一人ずつ自己紹介と参加の感想を発表する。作品と出品者をセットにして紹介することにより，出品者同士が互いに関心を高め，連帯感の形成が促進されると考えられる。

4 「芸術まつり」に期待される効果

（1）自己有能感

「芸術まつり」にみられる効果のひとつめは，出品した発達障害の本人の自己有能感の向上である。単なる展覧会ではなく，個別カウンセリングや出品者の集いとセットで行うことで，一定の効果が期待されると考えられる。

この仮説を検証するために，X年度の「芸術まつり」出品者27名（全員がASDと診断）を対象に，アンケートを実施した（長嶺ら，2012）。27名のうち14名は展覧会前に個別カウンセリングを受けており，残り13名は出品者の都合（学校や仕事を休めない等）により受けていなかった。アンケートにおいて「創作活動に自信をもてたので，出品してよかった」と答えたのは，事前に個別カウンセリングを受けた14名中10名（71.4%）と，受けなかった13名中2名（15.4%）で，2つの群に有意差が認められた（p＜.01）。なお，27名全員が出品者の集いには参加していたため，これへの参加の有無とアンケート結果との関係は検討できていない。

ASDの人たちは，注意の向け方や情報の統合に特有の困難をもつため，単に展覧会への出品を促しただけでは，自己有能感の促進にはつながりにくかっただろう。通常は自然と汲み取ることができる「他者からの称賛」や，これに基づく「自身への肯定的な評価」を言語化・視覚化して明示し，わかりやすく伝え直すという個別的な働きかけと，イベントや行事とをセットで行うことが，プログラムの効果を高めるために重要である。

（2）相談関係の構築，および仲間づくり

知的能力の高いASDの人たちの中には，自己という抽象的なテーマにかん

する言語でのやりとりが成立する場合も多い。しかし，相談支援においては，口頭でこれらのテーマについてやりとりを重ねても，現実的な自己理解や問題解決にはつながりにくい。

　一方，具体的な事物を用いた，「自分の作品には，どのような価値があるか」「自分の作品は，他者からどのように評価されるか」についてのやりとりは，因果関係がわかりやすく，本人の内面に働きかけやすい。架空事例を通じて，その効果を見てみよう。

　Ａさんは，3歳代に医療機関を受診し，「高機能自閉症」と診断された。当時は知的遅れのない発達障害に対する療育や相談の場がみつからず，家族は「本人に無理をさせないこと」を心がける以外は，普通に子育てをした。小中学校を通常学級で過ごし，友人はいなかったが本人は気にせず，特別なトラブルなく進学した。

　大学入学後，ゼミの人間関係に強いストレスを感じて，食欲が落ち，夜眠れなくなり，家族に当たり散らすようになった。家族に促され，YRCを受診するが，「困っていることはない。相談の必要はない」と言い切った。

　主治医から「会話の練習だと思って，心理面接を利用してみては」と勧められ，しぶしぶ来談。趣味について聞かれ，「小学生の頃から魚類の水彩画を描くことが好きで，説明文を添えて図鑑のようにファイリングしている」と答えた。

　Ａさんは，これまでそのファイルを人に見せることなく，自分だけで眺めて満足していた。心理士に頼まれて次の面接にファイルを持参したものの，それを見ながら心理士があれこれ感想を述べると「やりとりが疲れる」と困惑していた。自分の趣味を他者と共有する経験は，これが初めてであった。

　その後，毎回の面接にファイルを持参し，次第に心理士の感想を期待するようになった。また，難解な専門用語を用いた詳細な説明文を，平易で読みやすい文章に書き直すなど，相手にわかりやすく伝える姿勢も示すようになった。大学のストレスや就職活動の悩みも，少しずつ語るようになった。

　やがてＡさんは，心理士や家族に勧められ，YRCの「芸術まつり」に水彩画を出品することになった。当初，「大勢の人に見られるのは，気が進まない」と出品を渋っていたが，事前の個別カウンセリングで作品の見どころを聞かれる

と，「鱗の質感にこだわりました」と胸をはって解説文を書いた。そして，出品者の集いで渡されたメッセージ集の中に，「鱗の質感」を称賛する内容を複数見つけると，大いに満足して「来年も，必ず出品します！」と参加者やスタッフの前で宣言した。

　毎年出品を重ねるうち，Ａさんは「子どもは，クジラより深海魚の方が好きだろう」などと，観客を意識して題材を選ぶようになった。また，他の出品者に関心を持ち，複数の出品者に向けてメッセージカードを書き，「○○さん（ペンネーム）は，どんな作品を出品するのか」と，楽しみにするようになった。

　就職活動はＡさんにとって難しく，大学卒業後も仕事は見つからなかった。主治医から就労支援施設を勧められ利用するうちに，心理面接で「データ入力は，時間はかかるが正確。手先を使った組立作業は，不器用でスピードも遅い。おしゃべりな人が傍にいると，イライラして効率が落ちる」など，体験に沿った具体的な自己理解を語るようになった。いくつかの職場実習を体験し，「やっていけそうだ」と実感できる職場を見つけ，就職した。「芸術まつり」への出品は，以降も続けており，本人にとって仲間同士の連帯感を実感できる，楽しみな年中行事のひとつとなっている。

　この事例で，注目すべき変化は次の2点である。1点目に，Ａさんはカウンセリングを開始した当初は「相談の必要はない」と認識し，自分の興味関心を題材にしたやりとりですら「疲れる」と言うほど相談動機が低かった。しかし，支援者から自分の作品が注目され，承認される体験を重ね，次第に自分の内面の開示にも期待や信頼を示すようになった。支援者との相談関係が構築されたことで，比較的円滑に就労に至ったと考えられる。

　2点目に，Ａさんは青年期になるまで，自分の興味を他者と共有する習慣を持たなかった。これも，ASDの人たちに特有の注意の向け方や情報統合の困難により，活動や事物への興味の高まりに比して，相対的に相手への関心が低く，興味関心を共有しにくかったゆえであろう。Ａさんは「芸術まつり」への参加を毎年繰り返し，まずは自分の作品への注目や承認体験を重ねたことで，次第に他の作品に関心を示すようになった。また，出品者の集いで作品とセットで紹介される他の出品者にも関心を向けるようになり，結果，出品者同士の"ゆるや

かなネットワーク" への所属感や連帯感を持つようになったと考えられる。たとえ一堂に会する機会が少なかったとしても，「互いの興味関心を共有できる仲間がいる」と実感できる場や存在は，日常的な孤独感や孤立感を軽減させる効果を発揮したのではないだろうか。

5 専門機関でイベント・プログラムを提供することの意義

　これまで，専門機関における青年期以降の発達障害の人たちへの支援では，修学支援や就労支援など目標志向的な働きかけが中心であり，本人が安心して何でも話せるような支援者との相談関係や，同世代の仲間関係の構築は，それほど重視されてこなかったように思われる。加えて，発達障害の人たちは，専門機関を訪れる時期が遅くなるほど個別的な配慮の必要性が高まり，相談関係や仲間関係の構築はいっそう難しくなる。たとえば青年期以降になって初めて専門機関を訪れる事例に対しては，1対1でのカウンセリングを繰り返し行い，本人の興味の持ち方や他者と共有できる話題を探るプロセスに時間をかけるなど，より入念な支援の基盤づくりが必要となる（日戸ら，2012）。

　人間関係の密度が薄く侵襲性の少ない，"ゆるやかなネットワーク" 型のイベント・プログラムには，自己有能感の向上，相談関係や仲間関係の構築・促進，そして社会生活での人間関係によるストレスへの対処や自己理解の書き換えなど，本人の内面発達を促す可能性も期待できる。青年期以降に専門機関を訪れるあらゆるケースに対応するためには，目標志向的な支援だけでなく，このような人間関係の密度が異なる余暇活動のバリエーションを用意する必要がある（日戸ら，2012）。今後，多くの専門機関で，こうした取組みが積極的に行われることを期待したい。

【引用・参考文献】

長嶺麻香・日戸由刈・山口朋子・萬木はるか・三隅輝見子（2012）学齢期から成人期の自閉症スペクトラム障害の人たちに対する『芸術まつり』プログラム―自己有能感を促進する，新たなカウンセリング技法―．リハビリテーション研究紀要22：29-32

日戸由刈・平野亜紀・長嶺麻香・武部正明・三隅輝見子・清水康夫（2012）中学生・高校生になって発達精神科を受診した自閉症スペクトラム障害の人たちに対する心理士からの

支援のあり方－本人に主体的な相談を促すオリエンテーション技術の開発－．リハビリ
　　テーション研究紀要22：33-40
日戸由刈（2014）青年期の自閉症スペクトラムの人たちへの発達支援－心理面接のあり方を
　　中心に－．こころの科学174：57-62
日戸由刈・藤野博（2017）自閉症スペクトラム障害児者の仲間・友人関係に関する研究動向
　　と課題．東京学芸大学 総合教育科学系Ⅱ68：283-296
日戸由刈（2018）自閉スペクトラム症の人たちへの集団での余暇活動支援のポイント－学齢
　　期，そして幼児期の実践を通じて－．特別支援教育研究733：29-31

※本章の執筆にあたり，「芸術まつり」を共に立ち上げ発展させてくださった萬木はるかさん
　（現 京都市発達障害者支援センター），それを受け継ぎ，現在まで継続してくださった白馬
　智美さん，長嶺麻香さん，山口朋子さん（横浜市リハビリテーション事業団），原郁子先生
　（現 こころ発達クリニック新横浜）に，心から感謝申し上げます．

第8章

発達障害のある女性の
恋愛・結婚のサポート

川上ちひろ

1 はじめに

　この章では，発達障害のある成人女性のライフサイクルにおけるサポートの一つとして，恋愛や結婚に焦点を当てて考えたい。恋愛や結婚は異性間（最近では同性のこともあるが，ここでは異性との関係について。またLGBTのようなセクシャルマイノリティに関しては取り上げない）で，二者（文化によっては二者以上もあるが，現代日本では二者である）の間で起こる関係である。発達障害の特性があろうがなかろうが，他人（異性）に興味がある，関わりたいと思うことは，人として湧き起こる感情として不思議なことではない。人生のどの時期でも，誰かとつながりを持ちたいという社会的欲求（マズローの欲求段階説）がある。生まれてからすぐに親子関係が始まり，友だち関係，恋愛関係などがあり，他人と成長過程に必要な関係を構築しながら人生を過ごすのである。

　発達障害の特性があるアレクサントラ・ブラウンは「大人になってから友だちとはどういった仕組みなのかを考えるようになった。自分にとって好ましい人，そうであれば丸ごと受け入れるべきだと考えている，しかし相手が友だちなのかどうか判断するのが難しい，なぜなら自分が相手に対する気持ちは分かるが，相手の気持ちがわからないから。」と記している（エドモンズら，2011）。知識や定義としての"友だち"は分かるのだが，実際に目の前にいる人が友だちに合致するものなのかどうかわからないという。おそらく相手のことが「感覚」（非言語コミュニケーションの読み取りなども含まれている）で直観的にわからないということなのだろう。このなんとなく感じられる第六感のような「感覚」は人間関係構築の上で不可欠で，多くの人はこの誰からも具体的に教わることがない，教えることが難しい「感覚」を頼りに相手を判断している。さらにこの

「感覚」を感じ取り，微妙なズレの「微調整や修正」を日々行っている。

　恋愛や結婚関係についても「感覚」が重要になるだろうが，より個人に依存しセンシティブな二者関係を第三者に伝えるのは非常に難しいことだろう。相手のことを信頼している，愛しているとは何をもって規定し評価するのか，きまりはないのである。しかも恋愛や結婚となると，友だちになるとき以上の要因，例えば外見などの好み，経済的な余裕，なども判断基準になる。二人の間に存在するお互いさえ納得していればよい感覚的なものは，他人には到底に理解できないこともある。定義できないが信頼している，愛しているという感覚，曖昧な面はあるけど何かしらお互いに惹かれ合うものを共有しているから，一緒にいられ続けるのではないだろうか。

　発達障害の特性がある人の中で友だち関係だけではなく，恋愛関係も家族関係も知識や定義で判断している，他人とつながる方法として役割を定義しているということがある。この定義を状況に関わらず終始貫徹しようとすることで，相手とのズレやトラブルを引き起こすことにもなり，クローズドでセンシティブな恋愛や結婚は，より関係を悪化させるものと思われる。発達障害の特性がない女性であっても恋愛や結婚がうまくいかなくて破綻したり傷ついたりしているので，相手の意図を推測したりコミュニケーションに苦手さなどがある発達障害の特性がある女性にも当然うまくいかなくなることはある。

　近年，発達障害の特性がある当事者の女性が，自分の人生を振り返って綴った回想本が多く出版されている。それらを読むと，男性との関係で高い確率で別れたりトラブルになったり傷ついたりして恋愛や結婚がうまくいかなかった様子が書かれている。もちろんうまくいっているカップルもいるが，山あり谷ありの出来事が窺える。発達障害の特性のある女性の経験と，そこから考えられる今後の課題をまとめたい。

2　発達障害のある女性のそれぞれの恋愛や結婚の経験

　いくつか出版されている書籍から，発達障害のある女性の恋愛や結婚の経験をかいつまんで紹介してみる。

　ドナ・ウィリアムズの母親は，厳しく無関心で冷淡だったと書かれている。ド

ナは行きたかった学校に通うことも叶わなかったという。様々な経験が書かれているが，ドナが大人になりスケート場で知り合ったある一人の男性ガリーと親しくなり，彼が言った「いつか君と一緒に住みたい」という言葉を信じて家を飛び出した。彼は「いつか，だと言っただろう」と言うが，ドナは帰らずに彼との暮らしが始まった。ドナは自分に関心のない人にそばにいて欲しかったといい，彼と一緒にいるためにセックスに応じた，暴力に耐えた，給料を取り上げられたなどの関係だったと書かれている（ウィリアムズ，2000）。

　グニラ・ガーランドが育った家庭の環境が安定してなかったようで，両親の喧嘩の現場を目の当たりにするということもあり，やがて両親は離婚に至る。グニラは自分には仲間が必要だったとして，ドラッグやアルコールをしている集団へ加わっていった。グニラは常に"普通"になることを求めており，「本物の人間になるために他人と人間関係を結ばなければいけない，そのために誰とでもセックスした。相手と親しくなる必要はないから」と語る。人と関係せずに人間関係を手にする手段だということだったが，誰とでも寝る子といわれるようになった。グニラは自分が正常になるための方法として，「普通」の男性の恋人がほしかったと記している。一緒に住む人，普通になれる真似ができる相手が，恋人だったのである。その後，次第に恋人から攻撃されるようになるが，別れようとはしなかった。うまくいかなくなっていっても相手にしがみついていた。彼に嘘をつかれてもその意味が分からなかった，とも書かれている（ガーランド，2000）。

　Lobin H.は学生時代から同棲することになる相手のことを，背が高く外見がよい，相手が自分の興味を示している，自分のことを子ども扱いしてくれる（Lobin H.は子ども扱いされることに弱い）ことで，付き合うことを決めていた。同棲しているときに長々と説教されたり，お膳をひっくり返されたりしても，それが男らしいと感じたという。それは一方で子ども扱いをしてくれることが心地よかったということだ。その後この彼と結婚することになるのだが，しだいに生活がうまくいかなくなるが本人の中では自分の体裁を保つために離婚するという選択肢はなかったということであった。しかしさまざまな出来事を経験し，Lobin H.自身も破綻していき，しまいには大量服薬をすることに至るのである。そして結果的にその夫とは離婚することになる。学生時代に男性と

身体的な関係に至った後にそれがセックスだったということを理解したということだ。好きでもない人との行為も断ることもできず，イエスというだけだったとも書かれていた (Lobin H, 2011)。

　沖田×華は自身の漫画の中で，彼氏とのセックスの予定を決めていてまた順番通りにコトが進まないとパニックになった，というエピソードを描いている。また自分の彼氏のことではないが，友だちのダメ彼氏が本当にダメな奴かどうかを確かめるためにその友だちの彼氏とセックスしてみて判断したところ，本当にダメだから別れたほうがいいと真剣にその友だちに告げる。その友だちは当然だが激怒し，周りからも非難を浴びたというエピソードも描いている（沖田，2014）。

　綾屋紗月は学生時代，友だち関係がうまくいかず，学校生活をうまく送ることができなかったという。大学生になり安心できる彼ができて，一緒にいたいと思うようになった。周りの人に認められて住む方法が「結婚」，でも「結婚」が何か厳密にはわからなかったと書いている。結婚に至るが，その結婚のことを漫画やドラマで描かれているような「好きな人と一緒に暮らすことができて，あたたかい家庭を築くこと」という理解だったと書いている。その後歯車が狂い，夫のアルコール問題や風俗店へ行ったことなどがきっかけで，離婚の方向へ向かうのだが，すぐに別れるには至らず，精神的・身体的に支配されたまま時が過ぎていくのである（綾屋，2012）。

　最後の事例は，筆者が発達障害のある女性から実際に聴いた話である。「どうして彼氏と付き合い始めたの？」と質問したら，「彼から付き合ってくださいと言ってきたから，ハイって答えただけ。オトナになったらオトコとつきあうものでしょ？」と答えた。その相手というのはインターネット上での知り合いで，実際に会ったこともなく，しかも住んでいる所が遠距離だったそうだ。にもかかわらず，彼女がハイと答えた理由としては，別に断る理由もないし，ということであった。その後さらに関係は続き，会うために待ち合わせるようになり，お泊りもするようにもなったということも聞いた。そのお泊りというのは，彼女が自分の実家から逃げたい（親子関係がうまくいっていなかったから彼がかくまった）という理由もあったということだった。理由はどうであれインターネット上のバーチャルな付き合いだけではなく，リアルな世界での付き合いに

も発展していた。同じような経過で付き合うようなった別の女性の例では，男性と会うことを繰り返すうちに，性行為を求められるようになりイヤだったから会わないことにした，と話す女性もいた。

　ここまで紹介した女性たちの事例から，以下のまとめができるだろう。まず，「オトナになったら男性と付き合うもの」と理解していることがある。またインターネットやSNSが普及してきたからこその問題でもあると感じる。次に，背景として「家庭や生活に課題を抱えている」場合もあるかもしれない，ということ。そして，「性的なトラブルに発展する」こともあるかもしれない，という3点である（なお，ここに挙げた事例から言えることで，世の中の発達障害のある女性すべてにあてはまることとは言えない）。

3 発達障害のある女性の恋愛や結婚のサポートへのアイデア

　前節の最後にまとめた3点について考えていきたい。

　まず，「オトナになったら男性と付き合うもの」と理解していることについては，発達障害のある人の中で男女問わず，ヒトの人生はエレベーター式に進んでいくという理解をしている人が少なくないように感じる。恋愛や結婚に対して「白馬に乗った王子様」のように憧れや夢を抱く女性は，発達障害の有無にかかわらず多いだろう。もちろんそうなるのが理想的だが，実際の人間の一生は途中で病気になったり事故にあったりする可能性もあり，トントンと順調に進むことばかりではなく多様な経過をたどる人も大勢いる。特に女性は周囲との関係によっても，翻弄されて生き方が変わることが十分にあるので，幸せな結婚生活だと思っていても離婚することだってある。もちろん離婚する前提で結婚する人はいないが，可能性としてはありうるものだ。また，夫の役割はこうあるべき，妻の役割はこうあるべき，さらに夫婦は愛情を持って接するべき，お互いに無償の愛を注ぐものだと思っていると，それに相当しない状況になった時に辛い思いをする。時間をかけてお互いに理解を深めていくことで徐々に関係を作っていくもので，先に役割遂行を達成しようとすると早くほころびが出てくる。次々と変化する状況に対して柔軟に対応できるようになることも必要かもしれない。欲を言えば相手に依存するのではなく，自立できる力も身につ

けておくことも将来的に必要なことだろう。キャリア支援で，将来どう生きたいのかと考えることも必要だろう。

　次に「家庭や生活に課題を抱えている」ことを挙げたが，大人になるまでに適切な人間関係の経験が少ないと，恋愛も結婚もうまくいかない可能性もある。ドナやグニラは，自分の家族から逃げ出す一つの口実として男性と一緒にいることを選んでいる。自分が育った家庭で適切な親子関係の経験がないと，おそらく第三者との関係構築もうまくできないことが想像される。全てということではないが彼女らの手記を読む限り，不安定な母親に育てられてきた，厳格な家庭に育ったなどという背景があるようだ（障害特性にみあった適切な養育がされなかったことも考えられる）。その現状から逃げたくて「自分の居場所を求めて男性と付き合う」ことは，別に自分の居場所を見つけることであり，交際相手とうまくいっているうちはいい。だが，徐々に相手との間にギャップが生じ，最終的にうまくいかなくなることも少なくない。うまくいかなくなった結婚生活についてLobin H.は「今思えば……」，綾屋は「振り返れば……」と，「今だったらそんな選択はしない」と過去の事を振り返っている。経験してみたことで理解できたことも言えるが，心の傷，つらい過去の記憶，身体への影響などあまりにも大きな代償を支払うことになる。適切な親子や友だち関係の経験がなくて，恋愛や結婚関係がうまくできるのかは疑問である。

　最後に，発達障害のある女性が「性的なトラブル」にまきこまれる可能性について考える。恋愛・結婚を継続する上でカギの一つに，身体的な接触（性行為）がある。今回紹介した手記等のほとんどの事例で，性行為についての話題が挙がっている。結婚とは公に性行為をしてもよいという意味を持つ社会的なつながりではあるが，必ずしも喜びがある性行為ばかりではないことがわかる。中には相手とのつながりを保つための一つの手段として，また相手から身体的支配されることになる行為として性行為に至っており，その行為の間辛い思いをしていることもある。

　大人の男女関係では物理的，心理的な距離が縮まれば，よほどの理由がない限り疑いなく自ずと身体的距離も接近してくる。具体的には腕を組む，手をつなぐ，抱き合う，キスをする，セックスをするといった接触は多くの人が体験する流れだろう。発達障害のある女性たちの手記や事例を読んで感じるのは，性

行為に至る際には受動的な女性が多く成り行きのまま，NOと言えないままコトが終わってしまっている。自分から誘うというよりは相手から強要されているようで，従うしかないという気持ち，ショックで思考がストップしている様子も窺える。グニラやLobin H.は誰とでも寝る女と言われたり，多くの男性から声をかけられたりという記述があることから，男性が好む，言うことを聞いてくれる素直な女性だと思われていたのかもしれない。別の言い方をすれば，断らない・断れないから結果的に被害者的になっているとも言えるだろう。障害特性から考えた場合，多動の傾向がある衝動性が高い人は決して親しくない相手でも性行為に至ってしまうかもしれないし，自閉的な傾向がある時は相手から求められたときに受動的に受け入れてしまうことも考えられる。男性と付き合うことには，少なからず相手は性的な接触を期待している・求めていることがあることを知ることは大切だ。自分が嫌だと思う時の性的な接触の回避方法についても伝えていく必要があるだろう。発達障害のある人は，目に見える事象については理解したり実行したりすることは難しくないが，目に見えないことも含まれていることも具体的に伝えられることが望ましい。そのためには信頼して相談できる相手を見つけることも一つの方法だろう。

4 おわりに

　今回参考にした手記の執筆者には，新しいパートナーと出会い新しい生活を始めていたり，自分らしく生活を始めていたりする人もいる。本稿のテーマが「恋愛・結婚」とはいえ，結局は自分が良いと思えて，自分らしい生き方ができればそれが一番の幸せなのではないだろうか。そのときに彼氏や配偶者がいたほうがいい人もいれば，一人のほうがいい人もいるように，いろいろな人がいての社会である。

　泉流星は，著書『僕の妻はエイリアン』で，結婚したのち高機能自閉症と診断された妻（泉自身）との家庭生活について書いている（泉，2010）。日常の生活は山あり谷ありで，日常的に興味深い事件が色々と起こる。「努力して人間のフリにはげむ」妻を支え理解する役割をしているのが筆者の夫である。また映画化もされた『モーツアルトとクジラ』は，アスペルガー症候群でサヴァン症候群

のカップルの実話に基づいた物語である（ニューポートら，2007）。「普通の脳を持つ恋人たちにはちょっとした段差でも，ぼくたちにとっては深い溝。」という一文があるが，それでも一緒にいることだけは譲らず，お互いのことを理解しようと努力している。いろいろな出来事は起こるが，結果的にうまくいっている人たちもいる。障害特性を含めその女性のことを理解してくれる人と出会うことができれば，恋愛や結婚が継続できる可能性は十分にある。それは，特性があろうがなかろうが同じだろう。

　パッチワークをご覧になったことがあるだろうか。個性的な色や柄の生地の組み合わせでできている。一つひとつは個性的でも，うまく組み合わさると綺麗な作品になる。人間も同じように個性的な人々の集まりだけれど，いい場所に収まることで全体が安定して見えるのではないだろうか。いろいろな人とのつながりで，綺麗な人間関係がつくられていくことを楽しみにしている。

【引用・参考文献】

綾屋紗月（2012）前略，離婚を決めました．医学書院．
ジュネヴィーヴ・エドモンズ，ルーク・ベアドン（編著）．鈴木正子，室崎育美（訳）（2011）アスペルガー流人間関係：14人それぞれの経験と工夫．東京書籍．
グニラ・ガーランド（著）．ニキ・リンコ（訳）（2000）ずっと「普通」になりたかった．花風社．
泉流星（2010）僕の妻はエイリアン：「高機能自閉症」との不思議な結婚生活．新潮文庫．
川上ちひろ（2017）関係を創る・築く・繋ぐ：発達障害のある子どもの成長（第8回）発達障害のあるおとなの人の恋愛はどうなっているのか？．子どもの心と学校臨床．16，119-130．遠見書房．
Lobin H.（2011）無限振子：精神科医となった自閉症者の声無き叫び．協同医書出版社．
ジェリー・ニューポート，メアリー・ニューポート，ジョニー・ドッド（著）．八坂ありさ（訳）（2007）モーツァルトとクジラ．NHK出版．
沖田×華（2014）ますます毎日やらかしてます．アスペルガーで，漫画家で．ぶんか社．
ドナ・ウィリアムズ（著）．河野万里子（訳）（2000）自閉症だったわたしへ．新潮文庫．

第9章

「親亡き後」のことをどう考えるか

今井　忠

1　「親亡き後」問題と「身寄り無き」問題

　「親亡き後」問題と「身寄り無き」問題、この両者は同一だろうか。「親亡き後」問題の多くの調査は、今生きている親に問い、その不安を集計している。だが、そこから「親亡き後」のことが分かるだろうか。本来は、親の今の不安ではなく、実際に親がいない障害者の実態を調査しなければならない。であれば、親が亡くなった後、面倒を見ている福祉事業者や兄弟に、親が亡くなったあとの生活や問題点を聞くことだろうが、残念ながらそのような調査は発見できなかった。そこで、何人かの福祉事業者に親が亡くなった場合を聞いてみた。

　親が亡くなったあとの生活は、それまでの本人の生活に左右される。入所施設や日中の作業所に通って福祉の支援を受けていれば、事業者側が親族や相談事業所、行政などと話し合って、後見人をつけたり、在宅であったならグループホーム（以下、GH）を利用するなど、何らかの対応がされる。法人でお墓を持つところもある。その場合、地域で総合的に福祉事業を担っている事業者が頼りになると思われる。よって、身寄りがない場合であっても、要支援度の高い人は、親亡き後、放り出されたりはしない。ただし、ご本人の幸せ感が保証されているわけではない。それは、支援者の人間性に左右される。

　一方、知的障害を伴わない発達障害者など、自立度が高いが、通常の自立した社会生活は難しく、親など家族に日常的に見守られて昼も夜も福祉をさほど使わずに生活している場合には、それまでの生活が親に強く依存していたことから、「親亡き後」の課題が大きくなる。とくに、これからはいわゆる在宅系が多くなることから相談事業所がコーディネートすることになると思われるが、このような対象者が今後の課題である。日中に通えるところを確保すること、住

まいについては在宅でヘルパーを入れる，またはGHを利用するということが，行われているようである。

　さて，親が考えなければならないことは，今できることである。高機能圏の場合には，子どもが成人になってから親にできることは限られる。重い精神疾患になったり，引きこもったりすることをまず予防しなければならない。子のために財産を残すことも必要ではあるが，それらを生かせるライフスキルがなによりも必要である。ライフスキルの多くは成育期に培われると推測される。そのためには，成育期に被害体験を積みすぎないこと，良い思い出があること，好きな趣味があって余暇を楽しめること，気軽に相談できる人がいることなどが重要と思われる。

　ただ，自閉スペクトラム症（ASD）の場合，集団生活が苦手で，過度なストレスを溜めやすい。ASDの人が教育によって福祉の集団生活に順応できるようにはなかなかならないようである。人を含めたご本人に適した環境を用意できるかが鍵である。親ができることはASDのことがわかった事業所を増やすことであろう。

２ 親の漠然とした不安

　親の不安とは，結局のところ，いま親がしていることを誰がするのかという不安である。さまざまな福祉サービスがあっても，それを選択し，適切でなければ改善を事業者や行政等と交渉しなければならない。親はそれをしている。

　親は，将来のことをきちんとしてから旅立ちたいのであろう。これは親が高齢化してからの問題ではなく，若い親たちも持つ不安である。考えてみると高齢化してから取り組めることはわずかである。公的支援等を前提としつつ，親からの独立に向け，一歩ずつ進めることではないだろうか。

　親の役割は知的障害を伴う場合とそうでない場合は大きく異なる。一般に「親亡き後」問題として議論されるのは，成人後も親が経済面や生活面で世話をしなければならない知的障害者や，社会活動をしたくてもできない精神障害者やひきこもり状態などの親への依存度が高い人ということになる。本稿では最初に前者の知的障害を伴う場合を考察する。次に知的障害を伴わない場合を考察

する。

　その前に、「親亡き後」をテーマにした専門家の講演録を見ると、具体的テーマは、障害者の財産管理、成年後見制度、意思決定支援などである。障害のある子にお金を残すという方法にしても、いろんな方法があり、専門家の知識や助けを必要とする。気がついたことは、専門家の個々のテーマは重要であるが、親の不安の一部分でしかないことだ。それらの対策を寄せ集めても親が障害の子に今していることの全てを被い尽くすまでにはならない。

　子を授かり、誕生後これまで支えて育ててきた長い年月の思い出、愛情、その子について分かっていること全部をだれかが受け取ってくれるかと言えば、それは無理であろう。きょうだいでも限界がある。そこで、ここでは、財産や金銭管理などの個々の分野は、それぞれの専門家にお任せし、親の「親亡き後」の漠然とした不安そのものをまず考察したい。

3 アンケートから見えること

　栃木県自閉症協会が2015年9月から10月に親の意見を集めた「親が元気なうちに子どもの未来を考えるアンケート」を紹介したい（栃木県自閉症協会, 2015）。回答者は同協会正会員の保護者で、108件が回収された。調査の目的は、「親亡き後」のことを親が元気なうちに考えるというものである。回答者の88％は母親であり、そのうち、40代が40％、50代が38％。子どもの年齢分布は図9-1の

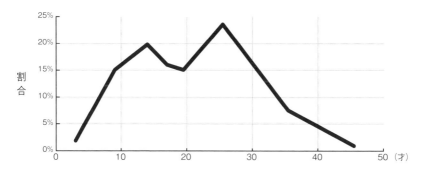

図9-1　無記入2名を除く106名のお子さんの年齢別割合
（栃木県自閉症協会（2015）のデータを基に作成）

ようになっている。一言で言えば，母親は50歳前後で子どもは20歳前後ということになる。けっして高齢とは言えない。大半の人が現実に「親亡き後」状態になるのは30年経った以降であろう。

　73％が療育手帳を取得しているので知的障害でもある。現在の生活は家族と同居が85％，支援施設入所が6％，アパートでの一人暮しが2％で，ほぼ在宅のケースの調査になっている。家族との同居が大半であることから，「親亡き後」をイメージしにくく，子どもが他人の世話になることへの親の不安が強いと思われる。

　次にアンケートで「親亡き後を考えたときに不安なことは何ですか」を質問している。その回答が図9-2（複数回答）である。金銭にまつわることが高率の心

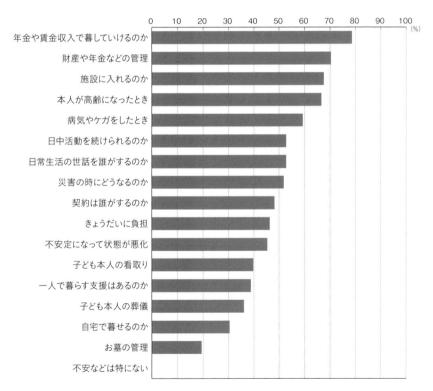

図9-2　「親亡き後」について不安なこと（複数回答）
（栃木県自閉症協会（2015）のデータを基に作成）

配事である。施設への入所ニーズが高いのは，生活全般に関わってもらえるからであろう。自由記述には，「すべて不安です」「イメージできない」という回答もあったがそれが親の本音ではないだろうか。

　そして，「お子さんが安心して暮らしていくために必要なこと」の質問の回答を図9-3に紹介する。住まい，就労や日中活動に関することがとくに高い。

　「親亡き後」の住まいについての別の問いでは，住まいを変えたいと思っている人が87%あり，その中の39%がGH，28%が入所施設を希望するという結果であった。結局，不安の対象は親が今していること全てなのであろう。例えば，日中活動や住まいであっても，ただあればいいのではなく，親は，我が子に適しているかどうか，支援者に問題がないかなどを確かめ，適切でないならば，変更したり，支援事業者に要望したりしているのである。いったい，だれがその役を担うのだろうか。知的障害を伴う場合には，親亡き後，きょうだいのだれかが面倒をみることがよくある。しかし，年齢が近いことから，同時に高齢化するため，連絡先にはなれても，親と同じ日常的な世話をいつまでも継続することはリスクが高いと思う。

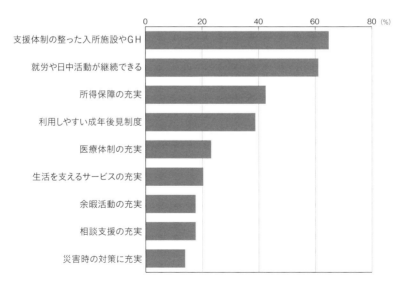

図9-3　お子さんが安心して暮らしていくために必要なこと（複数回答）
（栃木県自閉症協会（2015）のデータを基に作成）

重い知的障害を伴わない発達障害者のケース

　高機能群の発達障害者の場合には，本人は親以上に自分の将来を心配している。なぜなら，しょせん親は自分よりも早く亡くなると理解しているし，本当なら自分が親を支えなければと思っている。親の世話になっていること自体が不安の要素なのである。自分の足でこの世に立っていたいのであり，それは動物的，本能的な欲求であろう。

　ここで，仮の事例として50歳を超えた女性Ａさんを考えたい。

　Ａさんは，父が亡くなり，母親と二人で生活をしていた。きょうだいはいない。買い物，旅行は自分でできる。いろんな会にも自分で申し込んで参加する。自炊や栄養管理は無理。仕事は続かず，今はしていない。障害年金を受け取っている。母親の干渉を嫌がり，優しくしてくれる人に近づく。

　母親は娘にかなりの財産を残した。お小遣いは，定期的に本人口座に振り込まれ，それを下ろして生活するという習慣を身につけていた。母が亡くなると，Ａさんは，料理，洗濯，片付け，掃除がままならないため，知人の世話でアパートに住み，その知人の世話を受けながら生活するようになった。地元の福祉課も相談にのっていた。彼女の年齢や生活費から考えて，財産は十分な額であった。母親はできうる限りのことを生前にしたと判断できる。

　しかし，ここから彼女も周囲も振り回されることになった。それは，彼女の寂しがりと社交性から来る問題であった。いろんな会合などに参加し，近づいてきた優しい人になんでもしゃべってしまうのである。不満を言って同情を買う。その中で自分の財産のことも話してしまった。世の中にはいろんな人がいる。うまい話を持ちかけてくる。寄付と引き換えに一生の世話，あの世のことまで持ちかけてくる人もいる。彼女の財産がそういう厄介な人たちを引き寄せてしまう。彼女を知る地域の人たちの連携でなんとか最悪の事態を防いだが，その後もいろんな手口が続く。

　これは，重度の知的障害を伴わないからこそ起こる問題であり，ありすぎるお金は危険ということであり，ゆえに成年後見制度は一定の歯止めになるが，本人の意思尊重が優先されるので，それだけでは本人を守れない。Ａさんの場合は，地域に彼女の面倒をみようとする人たちがいたので，ここまで何とかなっ

たが，本人を守ることは容易ではない。守る側が疑われたりする。

　人をどこまで信頼するか，悪意か善意かを判断するのは難しい。信頼も簡単に敵意や疑いに変わる。親が残してくれた財産を自分のために有効に使うということも容易なことではない。はっきりノーと断ることは障害者には難しい。大金を手にすると，仕事をやめて，投資で稼ぐことに熱心になる場合もある。街のなかで普通の生活をするということは，リスクも同様に被ることになる。とくに女性当事者は性被害にあいやすい。

　このように知的障害がない（または軽度）の場合でも，発達障害者の特徴として，他人の意図を見抜くことや交渉することは易しくない。そのためそれを補う手段が必要である。良質の人たちに日常的に見守られていて，いつでも相談できる人が複数いることが大切なのであろう。親はフェードアウトを思春期から考えておかなければならない。親や本人が地域の障害者団体に属してなんらかの行事に参加し，日頃から本人のことや家族のことを知ってもらっておくことが様々な場面で力になると考えている。人のつながりが「守り」になる。

5 ひきこもりのケース

　不全感があるときに暴れるなどの行動を示す人の場合は，周囲は大変でも，長い目で見れば介入の方策を見つけやすいと思っている。しかし，発達障害が基礎にあって引きこもっているケースはなかなか介入が難しい。ご本人がどんなことなら腰を上げてくれるのか，ご本人に合った形で誘うことが必要である。しかも，不安になりやすいことから，スモールステップでなければ成功しない。原因はイジメとは限らない。はっきりしないことも多い。想像するに，ご本人にとっては，なんらかの不全感があり，ここは自分の居場所ではないという感覚があったと思われるが，なかなか言葉にはしてくれない。変化のためには，自分の潜在的な楽しさに気付く機会が重要だと思われる。そして，このような体験は若いときほど効果的と思われる（東京都世田谷区・NPO法人東京都自閉症協会，2018）。発達障害が基礎にある引きこもりについては，ケースをもとにさらなる研究が求められる。

6 親の不安はなくならないが，少しでもその不安を少なくするには

子どもが成人してからでは親にできることは限りがある。思春期を過ぎれば，子ども自身は自分で考えて自分の力で突き進む。その危なっかしさのそばで，親は右往左往する。だからこそ成育期からの積み上げが何よりも大事だと思う。映画『500ページの夢の束』(原題：Please Stand By) では自閉症の主人公が自作の応募脚本を期限までにハリウッドに届けるために愛犬と一人で旅に出る。その冒険はハラハラの連続だが，その旅の中で成長していく。

最近は放課後等デイサービスなど，障害のある子どもを預けるサービスが増えたが，子どもにとって親や家庭はもっとも安心できる場であり，生きる力を身に付ける場であって欲しい。ただ，親が障害の子どもの教育に一生懸命になりすぎては自然な学びが期待できない。家庭が療育機関になってはならないと思う。

まず，親は生活を楽しもう。親子の関係を楽しもう。それを徐々に外に広げよう。その楽しむ姿を子どもは真似る。子どもはこれから様々なことに出くわすわけであるが，そのときに親がどうしていたかを参考にするのだと思う。

7 良い依存関係

じつは，親が障害の子に依存しているケースがある。一つは精神的な依存で，子どもに関わることが親の精神的な支えになっている場合である。頑張ってこられた親や身内を称えつつ，楽しい行事に参加して，ゆっくり距離をとれるようになるのが良いと思う。もう一つは経済的な依存で，子どもの障害年金が家族の生活費になっている場合である。障害年金を児童扶養手当のように考えているのかもしれない。このような，親が子に依存している世帯では，「親亡き後」問題は一見生じないと思われがちだが，親が子どもを手放そうとしないために支援体験が乏しく，孤立しやすい。

現在，福祉は移動，住まい，日中生活等々の細かいサービスの商品群になった。それらを本人の状態で組み合わせている。障害者は福祉サービスを買う消費者なのである。このシステムの利点は，障害者の個々のニーズに合わせやす

いことと，お仕着せではなく，利用する側が主人公になれることにあるが，知的障害や発達障害の場合にもそれでいいのだろうか。そもそも親と子の間にある情緒的な関係は金銭的なものではない。知的障害や発達障害の場合は，親しい人間関係の中で生活をすることが望ましい。親が「親亡き後」を不安に思うことの根源には，核家族化で頼れる親族がいないことに加えて，消費中心の社会は，お金さえあれば他人に頼らなくてよいが，つながりは希薄になる。そのことが背景にあるのではないか。相互の依存関係を必要としないでも幸せに生きていけるというのは幻想ではないだろうか。

8 おわりに

　冒頭に述べたように，「親亡き後」問題の検討のためには，身寄りのない発達障害者の実態調査や親のいない在宅発達障害者の実態調査が有効と考える。

　とくに，親からの独立心は強いが，経済的に厳しく，また，付き合う知人が限られる（仲間をもちにくい）発達障害の人たちの住まいと世話焼きや当事者活動については，実践的な研究が期待される。

【引用・参考文献】

栃木県自閉症協会（2015）親が元気なうちに子どもの未来を考えるアンケート.
東京都世田谷区・NPO法人東京都自閉症協会（2018）「みつけばルーム」事業報告書.

第10章

成人の発達障害者に対する薬物療法

渡辺慶一郎

1 はじめに──薬物療法の位置づけ

　医療機関では，発達障害の診断と必要に応じて治療・支援を行う。場合によっては各種の診断書を発行する。治療の中で薬物療法は医療機関でしかできないものの一つである。発達障害がある成人が，人生をより充実したものにするために，薬物療法には何ができるだろうか。

　精神科医が薬を処方する際に考えるのは，(1) 薬物療法の適応となり得る病態が存在する場合，そして (2) 薬物療法以外の方法による効果がないか不充分な場合であろう。

　(1) は不眠や易刺激性（例えばイライラしやすい）といった症状面まで含めれば対象は幅広いものになるが，精神科医が見逃したくないのは併存症であり，うつ病や不安症などの治療可能性が高い病態ならなおさらである。また，ADHDに対しては特性そのもの（不注意，多動・衝動性）を軽減する薬があるので，診断すること自体が薬物療法の適応判明につながるので分かりやすい。ただし，いずれにしても注意しなければならないのは，薬物療法が唯一の治療法ではないということだ。

　(2) に関しては他の治療法があるかどうか，あるいは働きかけや物理的環境を調整する方法（いわゆる環境調整）があるかどうかという点に加えて，コスト（病院に通う時間や労力，診察代や薬代といった経済的な負担）や薬物療法自体の問題（毎日決まった時間に薬を服用できるか，副作用が耐えられないほど酷いものかどうか），さらには，そこまでして定型発達の世界に適応しなければいけないのかという"そもそも論"もあるかもしれない。いずれにしても薬物療法を行わないという選択肢がついて回る，つまり (2) の要件とも関係するが，薬

物療法以外の選択肢がはっきり"無い"とされる場合は少ない。実はこうした事情は薬物療法以外の心理療法などの治療でも同様である。

　参考までに，統合失調症に罹患しながら生活する者に向けた働きかけとして，これまでのメディカルモデルやリハビリテーションモデルを経て，現在はリカバリーモデルが注目されている。薬物療法や心理療法で疾患そのものを治療しようとしても，またリハビリテーションの手法を導入しても回復が得られない機能がある。その上で人生の満足や希望などを様々な手法を組み合わせて目指すのがリカバリーと考えられている。発達障害臨床にはリカバリーという語感はややマッチしないが，困った特性を克服すべき症状と捉えるよりも，それがありながら自尊心や自己効力感を高めて，望む人生を様々な方策を活用して実現してゆく取り組みはリカバリーモデルそのものである。つまり，価値観・夢を大切にし（aspiration），備わっている力を見出し（strength），本来備わっている回復力を信じ（resilience），当事者と専門家が対等な立場で相談し（shared decision making），望む生活と人生を実現することで（recovery），自尊心（self-esteem）や自己効力感（self-efficacy）の回復を目指す価値志向の実践（value-based psychiatry）である（福田正人，2019）。

2 ASDとADHDの薬物療法

　薬物療法は発達障害がある成人が望む人生を実現するための，数ある支援アプローチの一つと位置づけるわけだが，薬物療法固有の役割がある。今後多くの治療法が開発されたとしても，薬物療法がなくなってしまうことは考えにくい。ここでは自閉スペクトラム症（Autism Spectrum Disorder: ASD）と注意欠如多動症（Attention Deficit Hyperactivity Disorder: ADHD）の薬物療法の実際を説明したい。

（1）ASDについて

①併存する精神疾患への薬物療法概説

　まず，ASDに併存する精神疾患は多いとされている。Laiら（2014）の総説によれば，ASDにADHDが併存する割合は28〜44%，睡眠障害は50〜80%，

不安症は42〜56%，うつ病は12〜70%だという。併存精神疾患が多いとする主張に対しては，操作的診断基準に沿って診断すればそれは多く見積もられてしまうという反論もあるが，日常的な臨床活動の立場からは併存症の治療はいずれにしても大切であり，薬物療法を含めた併存症治療が必要なケースにあたる頻度が低いとは言えない。

　そして，併存症のうち，睡眠障害や不安症またはうつ病に対しては，認知行動療法などの非薬物療法もあるので，併存する精神疾患があれば即ち薬を処方するというものではない。また，純粋な併存症以外にも，いわゆる"二次障害"とされる状態もあるので，こうした場合は薬物療法よりも環境調整や働きかけがASDの性質とミスマッチを起こしていないかを丁寧に点検する必要がある。

　何らかの精神症状や問題行動の存在が薬物療法とイコールで結びつけられる訳ではないが，それでも薬物療法を受けているASD者は少なくないとする調査報告がある。Houghtonら（2017）による米国の商業保険およびメディケイド保険の加入者を対象とした調査によれば，ASD者の3分の2以上の人に向精神薬（中枢神経に作用して精神機能に影響を及ぼす薬物の総称で，抗精神病薬，抗うつ薬，抗不安薬，睡眠薬などがある）が使用され，10人に4人が同時に2つ以上の薬を処方されていた。年齢でみると，処方率は成人前まで急速に増加していたという。別の調査報告でも，小児期では年齢の高さ，精神疾患の併存などが処方率の高さと関係があるとされている（Coury et al., 2012; Rosenberg et al.,2010）。残念ながら成人ASD者を対象とした大規模な薬物療法の調査は少ないが，成人前まで増加した処方割合や薬剤種が，その後にドラマチックに減少するとは考えにくいので，薬物療法を受けているASD者は一定数はいるだろう。また我々の臨床でも薬物療法を求めて新規に受診を申し込みに来られる患者さんは増加している。

　このように薬物療法の対象者が増加傾向であるにもかかわらず，不明な点も未だに多い。小野ら（2008）は，ASDが併存した大うつ病性障害では，従来の内因性のうつ病の治療に比して低力価の，例えばスルピリドを極めて低容量から投与したことが有効だった症例を報告している。また，杉山（2017）は，薬剤によっては標準投与量に比してごく少量が良いと示唆している。薬物療法のスタンダードがないという限界があるなかで，実務的には下記のように考えて処

方することが多い。

② ASDの易刺激性

リスペリドンとアリピプラゾールが，小児ASDの易刺激性に対して保険適用がある。成人ASDの易刺激性に対しては，適応外使用であることを本人に説明して処方することになる。実臨床では，精神科薬の効果プロフィールと副作用を考えて，必要であれば適応外使用であることを説明して，この二剤だけでなく様々な薬を使用することがある。リスペリドンなどと同じカテゴリー（抗精神病薬）ではオランザピンやクエチアピンなど，また抗てんかん薬に分類されているカルバマゼピンやバルプロ酸も候補に挙がるだろう。

③ ASDに付随したその他の症状あるいは併存精神疾患

例えば，知覚だけでなく様々な領域で過敏な性質があるASD者で，入眠が困難な場合がある。不眠という症状に注目すれば，薬物療法としては一般には睡眠導入剤が選択されるわけだが，過敏さを一時的に抑えることが重要と考えれば鎮静系の抗精神病薬や抗うつ薬を少量だけ使用することが選択肢に挙がる。依存性の問題もないため，いわゆる睡眠薬を処方するよりもメリットがある。②で挙げたクエチアピンなどの抗精神病薬や，トラドゾンやミルタザピンなどの抗うつ薬が候補になるだろう。また，ADHDの治療薬であるアトモキセチンを投与した場合に，睡眠障害が改善されることがある。Clemowら（2017）の総説によれば，RTC（Randomized Controlled Trial）という厳密な研究デザインにより，睡眠潜時が短縮され朝の目覚めも改善したと報告する論文が1報あるという。アトモキセチン自体の副作用で不眠が出現しうる一方で，こうしたプラスの副次的現象もあるので薬物療法は奥深い。

併存する精神疾患には，基本的にはまずその精神疾患で推奨されている薬物療法を考える。併存が多いうつ病や不安症ならSSRI（選択的セロトニン再取り込み阻害薬）を複数試し，無効ならSNRI（セロトニン・ノルアドレナリン再取り込み阻害薬）の投与を考える。薬剤選択は各剤の効果プロフィールに加えて，副作用の特徴も考慮して行うが，加えて投与量や増量スピードにも留意しなければいけない。薬自体に敏感な者がいるので，推奨量よりも少なく開始して増

量も慎重にすることが多い。さらに、ASD自体の性質として、自己の考えや感情を相手にわかりやすく説明することが困難な場合があるし、そもそも自身の苦痛を察知し難いこともある。そのため本人が言語化した情報の評価には注意が必要だし、立ち居振る舞いや話しぶりなども充分に考慮して診断や治療効果判定を行う。

④社会性への薬物療法の試み

　ASDのコミュニケーションや社会性の性質に対して、オキシトシンを経鼻的に投与する試みがある。山末の総説（2018）によれば、二重盲検クロスオーバーという研究デザインで、その効果を検討して意義のある結果が得られたという。オキシトシンが有効なASDの一群を絞り込んでゆく作業と、安全性を確かめてゆくプロセスが残されているが、これらが達成され、臨床の現場で使用できるようになることが期待されている。

（2）ADHDについて

　現在のところ、成人に投与が可能なのはメチルフェニデート徐放剤とアトモキセチン、グアンファシンの3剤である。3剤はそれぞれ作用機序が異なるため（表10-1）、一剤で効果が得られなかった場合に、次の選択肢を考えることが出来て治療のバリエーションが広がった。

　メチルフェニデート徐放剤は、その成分自体に依存性があるので注意が必要であるが、乱用や依存を回避するための工夫がなされている。不適切な使用と関係が深い多幸感は、依存性薬物の血中濃度の急激な上昇が関係しているが、本剤は浸透圧ポンプによって血中濃度の上昇が緩徐になるよう設計されている。また、薬剤を粉にして静脈に注射したり、炙って鼻から吸い込む（スニッフィング）ことができないように、特殊なカプセルに封入されている。他の2剤と比較して、休薬日の設定が容易であり毎日定期的に服用しなければならないという制約が少ない。朝に服用して効果は12時間持続する。

　アトモキセチンは依存性がなく食欲低下の副作用が少ないメリットはあるが、まるで漢方薬のように6～8週間服用し続けてから効果判定をしなければならず、不注意が特徴のADHD者に定期的な服用を求めることになるため服薬継続が

表10-1　ADHDの治療薬の比較

一般名	メチルフェニデート	アトモキセチン	グアンファシン	リスデキサンフェタミンメシル
商品名	コンサータ®	ストラテラ®	インチュニブ®	ビバンセ®
作用機序	ドーパミンとノルアドレナリンの再取り込み阻害と分泌促進	ノルアドレナリンの再取り込み阻害	ノルアドレナリンの後シナプスシグナル増強	ドーパミンとノルアドレナリンの再取り込み阻害と分泌促進
剤形	特殊な錠剤	カプセルと液剤	錠剤	カプセル
用法	1日1回 朝	1日1-2回	1日1回	1日1回 朝
効果持続	12時間	24時間	24時間	10-13時間
副作用	不眠, 食欲低下, 頭痛, 依存性※, その他	不眠※, 食欲低下※, 頭痛※, その他	眠気, 血圧低下, 目眩, その他の心脈管系副作用	食欲低下, 不眠, 口渇, 依存性, その他
備考	※依存が起こりにくい工夫がされている	※数日間で軽快消失することが多い	他薬剤との相互作用に注意	18歳からの投与開始は未承認

ひとつの課題となってしまう。ただしメチルフェニデート徐放剤と比べると効果は24時間持続するため，夕刻から夜にかけても効果が期待できる。さらに分子構造が抗うつ薬と類似していることもあり，情緒面の安定が得られる場合がある。養育環境やその他の理由で情緒面が不安定になりやすいケースには投与を検討する。

　グアンファシンは1日1回の服用でよく，有効性判定までの期間も1〜2週間で済むため使いやすい。ただし日本では成人への投与は2019年6月から開始されたので，まだ成人例への処方経験が浅いというデメリットがある。グアンファシンは元々高血圧の治療薬でもあったので，血圧低下や徐脈といった副作用には注意が必要である。

　グアンファシンとアトモキセチンの効果を比較した臨床研究によれば，多動・衝動性と不注意の項目のいずれも前者が優れていたという（Sikirica et al.,

2013)。アトモキセチンとメチルフェニデート徐放剤の比較では，後者が優れていたとする報告がある（Hanwella et al., 2011）。ただし実行機能については，SOC（Stockings of Cambridge）という実行機能を評価する心理検査で前者が優れていたとするNiら（2013）による報告がある（ただし，それ以外の実行機能評価テストでは差がなかった）。つまりそれぞれの薬の優越は単純にはつけられないのである。処方医はこうした臨床研究を参考にする一方で，実際に担当した者それぞれに，どの薬が良いかを考えることになる。本人にとっての内服の意味，薬物療法の終結，どの副作用なら比較的耐えられるのかなどを本人と相談して決定することになるだろう。薬の選択肢が増えたことで，臨床医は薬の適応と限界をより厳密に把握することが求められている。

2019年5月に第4の薬（リスデキサンフェタミンメシル酸塩）が認可された。まだ小児ADHDに限定されているが，他剤同様にいずれ成人でも処方可能となるだろう。リスデキサンフェタミンメシル酸塩は，服用後に赤血球の酵素で分解されて効果を発揮するという。不適切な使用による精神的依存を避けるため，厳重に流通管理が行なわれる。加えて，現状では他のADHD治療薬の効果が充分でない場合に投与が許されている。

3 おわりに

薬物療法の領域も日進月歩なので，これからも次々に新しいタイプの薬が登場するだろう。それでも，発達障害に関する薬物療法の位置づけと限界を知り，人生がさらに充実することを目指すための一つのアイテムとして考えてもらうと良いだろう。

【引用・参考文献】

Clemow DB, Bushe C, Mancini M, et al. A review of the efficacy of atomoxetine in the treatment of attention-deficit hyperactivity disorder in children and adult patients with common comorbidities. Neuropsychiatric Disease and Treatment 2017;13:357-371.

Coury DL, Anagnostou E, Manning-Courtney P et al. Use of psychotropic medication in children and adolescents with autism spectrum disorders. Pediatrics. 2012;130. Suppl 2:S69-76.

福田正人. 統合失調症. 脳科学辞典. https://bsd.neuroinf.jp（2019.12.27.最終参照）

Hanwella R, Senanayake M, de Silva V. Comparative efficacy and acceptability of methylphenidate and atomoxetine in treatment of attention deficit hyperactivity disorder in children and adolescents: a meta-analysis. BMC Psychiatry 2011;11:176.

Houghton R, Ong RC, Bolognani F. Psychiatric comorbidities and use of psychotropic medications in people with autism spectrum disorder in the United States. Autism Res. 2017;10(12):2037-2047.

Lai MC, Lombardo MV, Baron-Cohen S. Autism. Lancet 2014;383:896–910.

Ni HC, Shang CY, Gau SS et al. A head-to-head randomized clinical trial of methylphenidate and atomoxetine treatment for executive function in adults with attention-deficit hyperactivity disorder. International Journal of Neuropsychopharmacology 2013;16:1959–1973.

小野和哉・中山和彦.（2008）大うつ病性障害を呈したアスペルガー障害の青年期例. 臨床精神医学. 37（9）:1235-1240.

Rosenberg RE, Mandell DS, Farmer JE et al. Psychotropic medication use among children with autism spectrum disorders enrolled in a national registry, 2007-2008. J Autism Dev Disord. 2010 Mar;40(3):342-51.

Sikirica V, Findling RL, Signorovitch J et al. Comparative Efficacy of Guanfacine Extended Release Versus Atomoxetine for the Treatment of Attention-Deficit/Hyperactivity Disorder in Children and Adolescents: Applying Matching- Adjusted Indirect Comparison Methodology. CNS Drugs 2013;27:943–953.

杉山登志郎.（2017）発達障害の薬物療法: ASD・ADHD・複雑性PTSDへの少量処方. 岩崎学術出版社.

山末英典（2018）自閉スペクトラム症に対するオキシトシン治療効果の医師主導 Randomized Controlled Trial マルチモダリティ脳画像解析の応用. 日本生物学的精神医学会誌. 29（3），109-113.

第11章

災害時における
発達障害のある人への支援

西牧謙吾

1 はじめに

　災害時には，発達障害のある人やその家族の生活には，発達障害を知らない人には理解しにくいさまざまな困難が出現する。大人の発達障害がテーマである本書では，ある程度自立している発達障害のある人も想定しているため，家族を含め，災害時の自助・共助・公助の自助レベルでは，学校教育における防災教育の内容を，また共助レベルでは，地域防災計画の内容を理解し知っていることを前提とする。

　平成30年版防災白書（2018）では，自助・共助による事前防災と多様な主体の連携による防災活動の推進という項立ての中で，広域的な大規模災害が発生した場合に，公助の限界を指摘し，多くは家族も含む「自助」，隣人等の「共助」により救出されたとし，今後，人口減少により過疎化が進み，自主防災組織や消防団も減少傾向にある中，災害を「他人事」ではなく「自分事」として捉え，国民一人一人が減災意識を高め，具体的な行動を起こすことが重要であると指摘している。

　日本は，自然災害の多い国である。災害時の障害者への支援の議論が進んだのは，阪神淡路大震災や東日本大震災など地震が契機になっているが，それ以外にも，想定すべき災害が多い。災害対策基本法には，災害とは，「暴風，竜巻，豪雨，豪雪，洪水，崖崩れ，土石流，高潮，地震，津波，噴火，地滑りその他の異常な自然現象又は大規模な火事若しくは爆発その他その及ぼす被害の程度においてこれらに類する政令で定める原因により生ずる被害」と定義されている（第2条第1項，平成25年7月改正法）。この法律は，災害が起こるたびに見直され，予防・応急・復旧・復興といった，災害に対する広範囲の局面を守備範

囲としている。従来の災害時の障害者支援は，主に避難中の応急に焦点化されている場合が多いが，ここでは，応急と予防について考えることにする。

2 災害時における発達障害のある人への応急対応

災害時の生活は普段とは随分異なる状況になる。この間，災害の対応が落ち着いた後の生活を踏まえた対応が必要になる。

発達障害のある人は，見た目では障害があるようには見えないことがあるが，本当は周りの理解と支援を必要としていることが多い。発達障害のある人への対応にはコツが必要なので，家族や本人の状態をよくわかっている人が近くにいる場合は，必ず関わり方を確認することが望ましい。

発達障害のある人は，日常生活の変化が想像以上に苦手な場合が多いので，不安になって奇妙な行動をしたり，働きかけに強い抵抗を示すことがあるので，行動してほしいことの具体的な指示，時間を過ごせるものの提供，スケジュールや場所の変更等を具体的に伝えてほしい。例えば，「必要な物品（薬，食品，筆記用具，玩具など）はありますか？」と尋ねられれば，薬，食品，筆記具，パズル，図鑑，ゲーム等の提供をする。何もしないで待たせることは極力避け，具体的に待つ時間を告げるなどの配慮が必要となる。また，「落ちつける場所はありますか？」と尋ねられれば，「このシート（場所）に座ってください。」と具体的に指示し，「そっちへ行っては駄目」などの曖昧な言い方は避ける。スケジュールや場所の変更は，「〇〇（予定）はありません。□□をします。」や「〇〇に行き，□□します。」，「〇〇は□□（場所）にあります。」など，具体的に指示し，黙って強引に手を引いたり，「ここにはない」とだけ言うことは避ける。

発達障害のある人は，感覚の刺激に想像以上に過敏であったり鈍感である場合が多いので，命にかかわるような指示でも聞きとれなかったり，大勢の人がいる環境にいることが苦痛で避難所の中にいられない，治療が必要なのに平気な顔をしていることもある。また，話し言葉を聞き取ることが苦手であったり，困っていることが伝えられないことがある。その場合，説明の仕方や居場所の配慮，健康状態のチェックに配慮が必要である。具体的には，文字や絵，実物を使って目に見える形での説明や，簡潔・穏やかな声での話しかけを心掛ける，

部屋の角や別室，テントの使用など，個別空間の保証をする，怪我などしていないか，本人の言葉だけでなく，身体状況や健康状態を工夫して確認する，などが重要である。

　発達障害のある人は，見通しの立たないことに強い不安を覚えることがある。学校や職場などの休み，停電，テレビ番組の変更などで不安になる。そのような場合でも，安定した生活リズムで過ごせるように，当面の新しい日課の提案や，時間を過ごせるものを用意する等の工夫が必要になる。

　被災状況をテレビやインターネット報道等で確認する場合，他人に起こったことでも自分のことのように感じてしまって，想像以上の恐怖体験となってしまう可能性がある。画面が目に触れる時間帯には，別のことで時間を過ごせる工夫をすることも必要である。

3 被災時における発達障害のある人への予防的対応

　被災後，学校や施設が休みになって，発達障害のある人がずっと出かけられずに家庭にいなければならない場合や，家族だけでは対応が困難になっていることがある。このようなときには，サポートが必要かどうか，家庭を訪問して確認することが必要になることがある。日頃から，地域の中で，行政や発達障害者支援センターの人とつながっておくことも重要である。

　余震が続いたり，家族の不安な様子を見て，こだわり行動や不眠が続く発達障害のある人がいる場合，家族の代わりに発達障害のある人の相手をしたり，メンタルヘルスの相談などの利用について情報提供を行って，家族の負担を軽減することも重要である。具体的には，トイレの場所や食事の時間など，頻繁に会場責任者のところに質問に来る人がいる，周囲と全くかかわらない人がいる，発達障害のある人が繰り返し叱られているなど，集団の大多数の動きとは違う状態を示している場合などは要注意である。その場合には，「（発達障害のある人に）困ったときに，相談できそうな方は近くにいますか？」，「普段はどんな人に相談していますか？」，「（その他，周囲の人に）普段の様子をご存じの方はいますか？」，「対応に協力していただける方はいますか？」などと具体的に聞いてみるとよい。

　災害前は自立した生活ができていたが，家族への依存度が増える場合がある。将来の自立生活を想定して，今の対応を個々に聞いてあげることで，本人や家族を安心させることができる。

　発達障害のある人の特性は一人ひとり異なる。普段の支援方法と大きく異なると，関わったことがかえって混乱を招くことがある。本人や家族，本人の様子をよく知る人にできるだけ確認し，実際に関わって，気になった点や気づいた点については，避難所や訪問の際の担当者に必ず情報を伝え，申し送りをすることで，一貫したサポートを受けることができ，その後の生活の安定にもつながる。

　避難所の生活や災害時の特別な状態での家庭生活が長期化するにつれて，徐々に心身ともに疲れやストレスが蓄積する。発達障害のある人の場合は，体調や怪我について我慢しているのではなく，本人自身が気づいていない場合がある。気づかずにそのまま放置すると，体調や怪我の状態が悪化してしまうので，健康状態や心身の疲労に関する丁寧な観察と聞き取りが必要である。具体的な観察のポイントは，息切れ，咳などが頻繁でないか，やけどや切り傷，打撲などがないか，着衣が濡れたままでも着替えていないということがないかなどに気をつける。そのためには，「いつもより寒くないですか？」，「歩くときにふらふらしませんか？」，「頭のこぶ，腕や足に怪我がありませんか？」，「洋服の着替えがありますか？」など，具体的に聞いてみることが重要である。

　何気ないことでも，発達障害のある人には日常生活に困難さを感じるくらい苦痛に感じていることがある。発達障害のない人よりもストレスの蓄積が起きやすいので，他の人より支援を優先的に考える必要がある場合がある。例えば，好き嫌いによる食べ残しが多くないか，物資の配給のアナウンスがあっても，反応が遅かったり，どこに行っていいかわからず困っているようなことがないか，耳ふさぎや目閉じなど，刺激が多くて苦しそうな表情をしていないかに気をつけて観察することが重要である。そのためには，「食べられない食材がありましたか？」，「配給に並ぶ場所がわかりましたか？」，「他の場所（避難所内外）へ移動したいという希望はありますか？」などと聞くようにする。

4 家族への支援

　災害の影響で発達障害のある人から家族が離れられなくなる場合や，配給や買い物，役所や銀行などの手続きに行けずに困っている場合がある。避難所の中で理解者が得られないと，家族のストレスは高まる。本人の支援を一番長い時間担当するのは家族であり，家族のサポートを迅速に行うことは効率的といえる。例えば，多動や衝動的な行動，奇声やパニック，こだわり行動などがあって，家族が本人との対応に追われている場合や子どもの行動のことで，周囲の避難所にいる人に理解や協力を得られずに孤立している場合には，家族への支援を優先する必要がある。具体的には，「一日の中で，どのような時間が一番大変ですか？」，「どの場所で大変さを感じますか？」などと聞くようにする。

5 おわりに

　防災には，学校，地域，職場など，様々な機会・場を通じて，地域の自然特性や防災技術等についての知識を備え，減災のために事前に必要な準備をする能力，自然災害から身を守り，被災した場合でもその後の生活を乗り切る能力が求められる。日頃から，災害時の訓練を積み重ねることが望ましい。例えば，発達障害情報・支援センターの災害時の発達障害児・者支援エッセンスでは，東日本大震災時に発達障害児・者に起こった出来事を簡潔にまとめている。机上訓練ではあるが，一度じっくり読むことをお勧めする。それを，自分の身に置き換えて思考実験すれば，災害時の具体的な対応方法のヒントがつかめると思う。発達障害情報・支援センターのホームページには，災害時の発達障害児・者支援について，東日本大震災以後に起こった災害時に作成したパンフレットや外国語（英語，中国語，ハングル）への翻訳パンフレットも収載している。今後の参考にして頂ければ幸甚である。

【引用・参考文献】
発達障害情報・支援センター　災害時の発達障害児・者支援エッセンス
発達障害情報・支援センター　災害時の発達障害児・者支援について

http://www.rehab.go.jp/ddis/
平成30年版防災白書 (2018)
　　http://www.bousai.go.jp/kaigirep/hakusho/h30/
国土交通省　防災教育ポータル
　　http://www.mlit.go.jp/river/bousai/education/index.html
文部科学省　学校防災のための参考資料「生きる力」を育む防災教育の展開
　　https://anzenkyouiku.mext.go.jp/mextshiryou/data/saigai03.pdf

▌著者紹介 （執筆順）

渡辺慶一郎　（わたなべ・けいいちろう）　編著者・
東京大学相談支援研究開発センター
准教授

村山　光子　（むらやま・みつこ）　明星学苑府中校事務長

鈴木　慶太　（すずき・けいた）　株式会社Kaien代表取締役

浮貝　明典　（うきがい・あきのり）　特定非営利活動法人PDDサポート
センターグリーンフォーレスト
地域生活支援部部長

尾崎　ミオ　（おざき・みお）　編集ライター・
NPO法人東京都自閉症協会 副理事長・
みつけばルーム代表代行

綿貫　愛子　（わたぬき・あいこ）　NPO法人東京都自閉症協会世田谷区
受託事業みつけばルーム
コーディネーター

日戸　由刈　（にっと・ゆかり）　相模女子大学人間社会学部教授

川上ちひろ　（かわかみ・ちひろ）　岐阜大学医学教育開発研究センター
併任講師

今井　　忠　（いまい・ただし）　NPO法人東京都自閉症協会理事長

西牧　謙吾　（にしまき・けんご）　国立障害者リハビリテーションセンター
病院長、発達障害情報・支援センター長
（併任）

▍監修者紹介

柘植雅義(つげ・まさよし)

　筑波大学人間系障害科学域教授。愛知教育大学大学院修士課程修了，筑波大学大学院修士課程修了，筑波大学より博士（教育学）。国立特殊教育総合研究所研究室長，カリフォルニア大学ロサンゼルス校(UCLA)客員研究員，文部科学省特別支援教育調査官，兵庫教育大学大学院教授，国立特別支援教育総合研究所上席総括研究員・教育情報部長・発達障害教育情報センター長を経て現職。主な著書に，『高等学校の特別支援教育 Q&A』（共編，金子書房，2013），『教室の中の気質と学級づくり』（翻訳，金子書房，2010），『特別支援教育』（中央公論新社，2013）『はじめての特別支援教育』（編著，有斐閣，2010），『特別支援教育の新たな展開』（勁草書房，2008），『学習障害(LD)』（中央公論新社，2002）など多数。

▍編著者紹介

渡辺慶一郎(わたなべ・けいいちろう)

　東京大学相談支援研究開発センター准教授。信州大学医学部卒業。医学博士（東京大学）。精神科医。専門は，発達障害を含む臨床精神医学。主に大学生を対象にした精神科診療や学生生活支援を行っており，研究活動は発達障害当事者の QOL や自殺を取り扱っている。主な著書は『改訂版 特別支援教育の基礎』（編集・分担執筆，東京書籍，2017），『自閉スペクトラム症の医療・療育・教育』（編集・分担執筆，金芳堂，2016），『精神神経疾患ビジュアルブック』（分担執筆，学研メディカル秀潤社，2015）など。

ハンディシリーズ 発達障害支援・特別支援教育ナビ

大人の発達障害の理解と支援

2020 年 10 月 14 日　初版第 1 刷発行　　　　　　　　　　　　［検印省略］

監修者	柘 植 雅 義
編著者	渡 辺 慶 一 郎
発行者	金 子 紀 子
発行所	㈱ 金 子 書 房

〒112-0012　東京都文京区大塚 3-3-7
TEL　03-3941-0111㈹
FAX　03-3941-0163
振替　00180-9-103376
URL　https://www.kanekoshobo.co.jp

印刷／藤原印刷株式会社　製本／一色製本株式会社
装丁・デザイン・本文レイアウト／mammoth.